"十三五"学术文库系列

"一带一路"背景下汉语国际推广的经济学研究

杨 煜 著

西安交通大学出版社
XI'AN JIAOTONG UNIVERSITY PRESS

国家一级出版社
全国百佳图书出版单位

图书在版编目(CIP)数据

"一带一路"背景下汉语国际推广的经济学研究/
杨煜著.—西安：西安交通大学出版社，2019.12
ISBN 978-7-5693-1469-4

Ⅰ.①一… Ⅱ.①杨… Ⅲ.①汉语-对外汉语
教学-文化经济学-研究 Ⅳ.①H195.1

中国版本图书馆CIP数据核字(2019)第288448号

书　　名	"一带一路"背景下汉语国际推广的经济学研究
著　　者	杨　煜
责任编辑	李逢国

出版发行	西安交通大学出版社
	（西安市兴庆南路1号　邮政编码710048）
网　　址	http://www.xjtupress.com
电　　话	(029)82668357　82667874(发行部)
	(029)82668315(总编办)
传　　真	(029)82668280
印　　刷	西安五星印刷有限公司

开　　本	700 mm×1000 mm　1/16　　**印张** 10.375　　**字数** 206千字
版次印次	2019年12月第1版　2022年3月第1次印刷
书　　号	ISBN 978-7-5693-1469-4
定　　价	89.00元

读者购书、书店添货，如发现印装质量问题，请与本社发行中心联系、调换。
订购热线：(029)82665248　(029)82665249
投稿热线：(029)82664840　QQ:1905020073
读者信箱：xj_rwjg@126.com

前　言

　　随着"一带一路"倡议的进一步深化,我国经济持续沿着"一带一路"走向全球,作为主要国际交流方式和工具的汉语逐渐成为"一带一路"发展的客观需求。如何实现并加强语言推广与经济增长的互促共进,是汉语语言规划与国际推广政策制定面临的重要选择。然而,经济全球化、国际社会交流逐步深化等因素,分别从不同方面影响着汉语国际推广的进程。从政治、经济、文化等不同维度研究汉语国际推广问题,有助于深入剖析汉语国际推广的经济价值与政治价值及其具体表现,探索汉语国际推广的发展趋势。探寻汉语国际推广的经济动因,分析汉语国际推广的现状和国际经验,运用语言国际推广中的价值评价模型,解析语言国际推广的政治、经济、文化收益,评价不同地区的汉语国际推广的效果,并提出具有操作性的促进汉语国际推广的政策创新方向,具有十分重要的理论和现实意义。

　　本书对语言规划、语言国际推广、语言经济学的基本概念,以及国内外学者关于语言国际推广经济学分析的相关研究进行梳理和简要评述。在语言规划层面,以时间为轴线,分阶段梳理了1949年至今我国在语言规划工作中的脉络。在汉语国际推广层面,从探寻经济动因出发,剖析汉语国际推广的现状,并通过梳理世界主要语言国际推广经验,分析经济、政治、文化等方面汉语国际推广的影响因素。在对语言国际推广的收益包括政治收益、经济收益及文化收益进行分析的基础上,选取相关指标构建和分析语言国际推广中的语言价值评价模型,在英语与汉语之间进行了更为具体的对比分析,在一定程度上展现了语言价值的数量化差异和研究方向。书中以"一带一路"沿线的中亚地区为例,通过语言推广活动中具有标志性的案例研究论证了汉语国际推广的实践效果、收益及价值评价。具体案例中的实地访谈调查,是有助于中亚地区汉语国际推广定性研究的第一手资料,为后期进一步的研究做了一定的积累。

本书仅是对汉语国际推广具体影响价值的一个初步考察,同时实证研究方面所获取的支撑性资料仍不足以达到研究意义上的丰富。书中写作方面的粗糙与其他问题肯定存在,敬祈各位专家及读者原谅和斧正。

杨　煜

2019 年 10 月

目　录

第1章　绪　论 ……………………………………………………… （1）

　1.1　研究背景与意义 ……………………………………………… （1）

　1.2　研究思路与方法 ……………………………………………… （6）

第2章　语言经济学、语言国际推广与发展规划 …………………… （8）

　2.1　基本概念及理论 ……………………………………………… （8）

　　2.1.1　"一带一路"倡议与语言经济 …………………………… （8）

　　2.1.2　语言国际推广与语言发展规划 ………………………… （9）

　　2.1.3　语言经济学的有关理论 ……………………………… （12）

　2.2　国外学者关于语言国际推广及发展规划的研究 ………… （19）

　　2.2.1　国外关于语言国际推广的研究 ……………………… （19）

　　2.2.2　国外关于语言发展规划的研究 ……………………… （20）

　2.3　国内学者关于语言国际推广和发展规划的研究 ………… （22）

　　2.3.1　国内关于语言国际推广的研究 ……………………… （22）

　　2.3.2　国内关于语言发展规划的研究 ……………………… （25）

　2.4　国内外研究简要评述 ……………………………………… （28）

第3章　语言规划理论及分析 ……………………………………… （30）

　3.1　语言规划的构成 …………………………………………… （30）

　　3.1.1　基本元素 ……………………………………………… （30）

　　3.1.2　语言意识 ……………………………………………… （34）

　　3.1.3　规划类型 ……………………………………………… （35）

3.2 我国语言规划路径 ……………………………………………………（39）

    3.2.1 初步建设阶段（1949—1984 年）………………………（39）

    3.2.2 规范发展阶段（1986 年至今）………………………（45）

3.3 当前语言规划趋势 ……………………………………………………（50）

    3.3.1 母语规划观 …………………………………………………（50）

    3.3.2 服务规划观 …………………………………………………（52）

第 4 章 汉语国际推广的动因、现状及国际经验 ……………………（55）

4.1 汉语国际推广的动因 …………………………………………………（55）

    4.1.1 顺应全球化的经济发展 …………………………………（55）

    4.1.2 提升国际社会交流深度 …………………………………（58）

4.2 汉语国际推广的现状 …………………………………………………（59）

    4.2.1 设置国外的推广机构 ……………………………………（60）

    4.2.2 开设国内对外汉语教学 …………………………………（61）

    4.2.3 政府职能部门的推广 ……………………………………（62）

    4.2.4 汉语在全球的推广状况 …………………………………（65）

4.3 主要语言国际推广的经验 ……………………………………………（67）

    4.3.1 英语的国际推广 …………………………………………（67）

    4.3.2 法语的国际推广 …………………………………………（70）

    4.3.3 德语的国际推广 …………………………………………（71）

    4.3.4 日语的国际推广 …………………………………………（73）

    4.3.5 西班牙语的国际推广 ……………………………………（73）

第 5 章 语言国际推广中的影响因素分析 ………………………………（75）

5.1 语言国际推广的经济因素分析 ………………………………………（75）

    5.1.1 语言国际推广的经济属性 ………………………………（75）

    5.1.2 语言国际推广的交易成本 ………………………………（82）

5.2 语言国际推广的政治因素分析 ………………………………………（83）

    5.2.1 语言国际推广的博弈分析 ………………………………（83）

    5.2.2 语言国际推广的共同利益和国际协调问题 …………（85）

5.3 语言国际推广的文化因素分析 ……………………………… (86)

    5.3.1 文化吸引力催化语言国际推广 ……………………… (86)

    5.3.2 文化认知度升级语言国际推广 ……………………… (87)

第6章 语言国际推广的收益分析及评价模型 ……………… (88)

6.1 语言国际推广的收益分析 ……………………………………… (88)

    6.1.1 政治收益 …………………………………………………… (88)

    6.1.2 经济收益 …………………………………………………… (89)

    6.1.3 文化收益 …………………………………………………… (90)

6.2 语言国际推广中的模型构建 ………………………………… (91)

    6.2.1 模型基础与原则 …………………………………………… (91)

    6.2.2 模型指标体系 ……………………………………………… (93)

6.3 模型分析的过程与结果 ………………………………………… (98)

    6.3.1 评价过程 …………………………………………………… (98)

    6.3.2 评价结果 …………………………………………………… (107)

第7章 汉语国际推广的案例研究——以中亚地区为例 …… (108)

7.1 中亚地区汉语推广的现实背景 ……………………………… (108)

    7.1.1 地缘优势 …………………………………………………… (108)

    7.1.2 政治优势 …………………………………………………… (109)

    7.1.3 经济优势 …………………………………………………… (110)

7.2 中亚地区汉语国际推广的落实情况 ………………………… (111)

    7.2.1 新丝路上的对外汉语教育工作实践 ……………………… (111)

    7.2.2 中亚地区的汉语推广工作实践 …………………………… (112)

    7.2.3 汉语国际推广中的校企联合实例 ………………………… (115)

7.3 中亚地区汉语国际推广的收益分析与评价 ………………… (117)

    7.3.1 经济收益 …………………………………………………… (118)

    7.3.2 政治收益 …………………………………………………… (120)

    7.3.3 文化收益 …………………………………………………… (121)

第 8 章　促进汉语国际推广的政策与措施 ······················· (123)

　8.1　明确语言发展规划 ··· (123)

　　8.1.1　母语规划观 ·· (123)

　　8.1.2　服务规划观 ·· (126)

　　8.1.3　优化规划体系 ·· (128)

　8.2　确立发展思路与战略布局 ····································· (129)

　　8.2.1　发展思路 ·· (129)

　　8.2.2　战略布局 ·· (131)

　8.3　构建汉语国际推广的保障体系 ································· (133)

　　8.3.1　制定相关法律法规等保障措施 ······························ (133)

　　8.3.2　优化汉语推广机构的组织结构 ······························ (134)

　　8.3.3　完善汉语国际推广支撑系统 ································· (136)

　　8.3.4　健全汉语国际推广制度 ····································· (137)

　　8.3.5　加强中国传统文化的发展 ··································· (139)

第 9 章　结　论 ··· (141)

附　件 ·· (143)

参考文献 ·· (145)

第1章

绪　论

在我国着力推进"一带一路"倡议的背景下,汉语的国际推广成为其中亟待加强的重要内容。基于语言经济学的理论,研究汉语国际推广的价值评价,对于促进汉语国际推广具有重要意义。研究中所涉及的汉语国际推广,属于一国在国际范围内进行语言发展规划的范畴。随着语言学、社会学的快速发展,语言推广的经济属性和经济效果以越来越显著的标签呈现在人们面前,并日益得到国家发展层面的重视。在"一带一路"倡议实施的过程中,汉语作为最重要的交流语言之一,其在国际上的推广问题也进入语言学和经济学者们研究的视野之中。本章主要介绍本书的研究背景与意义、研究思路和研究方法。

■1.1　研究背景与意义

2013 年至今,世界在"一带一路"的平台上不断开辟着发展新空间。"一带一路"(the belt and road)是"丝绸之路经济带"和"21 世纪海上丝绸之路"的简称。2013 年,中国国家主席习近平首次提出了"丝绸之路经济带"和"21 世纪海上丝绸之路"的概念,以及基于两个概念开展海陆两条线的合作倡议。这个合作倡议基于中国与多国签订的双边协议和既有的合作平台而发展成为"一带一路"合作计划,力求借鉴古代中国丝绸之路和平商贸、世界互联互通的理念,通过高举和平旗帜开展自由贸易,积极发展中国与"一带一路"沿线国家的经济、政治、文化等多方面的合作伙伴关系,进而形成经济融合、政治互信、文化包容的人类命运共同体。

由于"一带一路"沿线国家众多,各国都有着自己独特的语言和文化,中国在与其他国家进行交流的过程中,必然会遇到一定的文化阻隔,因此"一带一路"沿线国家的语言服务已成为实际发展刚需。例如,在"一带一路"国际合作高峰论坛中就有 18 种语言同时服务于整个会场,其中不仅包括中、英、法、俄、日等国际普遍用语,同时也包括诸如捷克语、哈萨克语、印尼语、蒙古语、越南语等小语种。有相关工作人员感言,随着"一带一路"倡议的实施和进一步发展,汉语语言工作者必将沿着"一带一路"走入更多的沿线国家,让一些小语种国家了解中国,也让中国了解这些小语种国家。虽然"一带一路"工作语言多达 18 种,但"一带一路"沿线涉及 65 个国家,而主要官方用语则更是多达 50 多种,覆盖人口 44 亿,约占全球人口 65%左右。人们在这条道路的行进中,越来越深感语言沟通的重要性。沿线的很多国家通过与当地孔子学院以及中国的大中院校合作开展了汉语教学活动,同时,中国也积极开展着多种形式的汉语推广活动。我国教育部先后印发了《推进共建"一带一路"教育行动》和《国家语言文字事业"十三五"发展规划》的通知,两个通知明确了中国现阶段对外汉语发展要促进"一带一路"沿线相关国家的语言互动,在"一带一路"沿线发展汉语教学工作,为沿线国家融入"一带一路"计划提供语言支持。因此我国很多大中院校也在逐渐完善外语语言结构,调整并开展相关人才培养计划,实施关键语种复合型人才的发展措施,促进语言开放。截至 2019 年 9 月 30 日,全球已有 158 个国家和地区设立了 535 所孔子学院和 1134 个孔子课堂。其中,65 个"一带一路"沿线国家中,已有 53 个国家建成 144 所孔子学院及 134 个中小学孔子课堂,"一带一路"沿线已成为全球汉语推广机构增长速度最快的地区之一,在"一带一路"沿线形成了全民学习汉语热。孔子学院帮助"一带一路"沿线国家建立健全从幼儿园到小、中、大学,从基础汉语到高端翻译以及旅游、商务、职业培训等汉语教学体系,培养各类汉语学习者累计 204 万人,为"一带一路"建设提供了大量了解中国、懂得汉语并兼具职业能力的人力资源。在全球,目前已有 60 多个国家通过立法的形式,将汉语教学直接纳入其国民教育体系,170 多个国家在日常教学中开展了汉语课程教学。

在全球格局发展的大基础上,中国经济的发展态势也是促进汉语热形成的重要因素。随着中国在"一带一路"、G20、上海合作组织、金砖国家等大型国际多边合作中崭露头角,中国在国际交往中的活跃度与参与度有了令人瞩目的提升。其他国家为促进与中国的商贸交流,必然会加强汉语学习,培养专业的汉语人才,了解中国经济制度与文化。古老的汉语也随着中国商品走向了世界,甚至很多外国人不仅普通话学得好,还开始学习中国方言。数据统计显示,全球学习汉语的外国人已经达到了 1 亿人以上的规模,仅 2017 年参加 HSK(新汉语水平考试)的外国考生就达到了 650 万人次,很多汉语学习者表示,通过汉语学习可以了解中国,并希望未来与中国人开展贸易。目前,中国已成为世界第一大贸易体与第二大经济体。面对中国经济如此迅速的发展,对中国经济与政治感兴趣的各个国家也开始将注意力扩展到中国语言和文化以及与之密切相关的软实力上。早在 2005 年,美国亚洲协会便做出了名为《使中文教学在美国进行扩大》的报告。该报告明确指出要学习汉语、学习中文,甚至把国家安全纳入到了该报告中,同时,还倡导 2015 年时,美国有 5% 的高中生对汉语进行具体学习的目标。不仅如此,泰国、韩国、日本、澳大利亚、德国以及加拿大等国家也像美国所采取的措施一样,将汉语选修课添加到了大学教学中。更有法国,多年将汉语课程建在了本国基础教育体系当中。

从语言经济学发展下的学科背景来看,语言问题和经济学研究被联系了起来。简单地说,语言以及与之相关的方面在一定程度上具备经济要素的属性,从而可以用经济学的方法和视角加以审视和研究。

只要有人类在社会中生存,那么语言必然顺势出现,通常语言的定义出自对语言学和哲学的认知。语言学家索绪尔认为语言就是"形成思想的器官",是传达观念的符号体系;马克思则认为语言代表一种生活形式,是"思维的直接体现",是在社会生活中人类进行思想认知与交际的工具。进行语言学习时,基于语言是一种宝贵的资本,在对其进行分析时可以利用经济学的人力资本相关理念;语言进行交互或者扩张时,各个国家、各个民族会因考虑到经济利益而把语言所具备的资本属性穿插到各种经济活动中。在对语言自身进行探索时,相关学者探究到语言内部出现了语言与语义存在博弈关系的现状,因为博弈也是经济领域中进行分析的主要工具,所以在对语言进行研究时同样会被采用。

首先,经济学与语言学所具有的相似性被深化研究。经济学作为对人类社会行为与经济行为进行分析的科学,在发展与推进的过程中,产生了语言转向。经济学探究的唯一具有行为的主体是人,不管是利用以数字符号组成的模型还是运用日常语言,其所进行探究的主体都是以人为根本的各种社会经济活动及与之相对应的各种影响。前期对于经济学的探究以及目前所运用的经济学方式都是出自笛卡尔所倡导的依靠数学符号的理性传统,认为最完美的研究就是同数学相互结合,认为可以越过语言的概念以及偶然的不确定性,从数学符号的形式与理论,再到根据数学推理、组合、排列等建立模型,进而形成体系,构建出秩序。但要使这样的秩序具备普适性,则需要从语言中得到与之相匹配的关系,根据语言分析得到证实。

目前诸多经济学者以利用主流经济学进行详细分析为路径,追求构建各种完美的经济学数学模型,认为经济研究的根本应落在数学模型的抽象性上,是超越社会体制与具体文化,对各种社会现象的本质进行的理性反映,这无疑会使经济学研究走向狭隘的追求道路。伽达默尔在1999年提出,此做法已经违背了语言的本质,人类生存的世界并非都是函数,而是需要词语的世界。经济学者们此时便逐渐发现,要发展经济学就必须运用语言转向,在研究经济学时发现其同语言学具备诸多的相似性,因此向语言学进行大胆的转向,为经济学的发展创造了新的生机,为经济学与语言学开创了新的发展空间。不仅如此,语言学同经济学所具备的类似性,在相应的研究理论中存在的同时,还在哲学性、社会性上有所体现,比方说二元线序性、语言学存在的博弈性、制度形成的语言推广以及经济学中出现的语言构成等。

其次,语言作为经济要素的属性被更多地进行研究。生产单位为提供劳务或者产品出现的各种费用组成了运作生产成本。具备人力资本属性的语言会产生一定的经济收益。在劳动市场中,劳动者具备较多的技能会使其具备更大的价值和竞争力,更是语言在人力资本方面发挥作用的重要表现。对其他语言进行学习能够获取到不同的收益,不仅能够在市场融入时发挥优势,还能在短期内带来高薪,具体来说就是具备单语种能力人员的收益要低于多种语言掌握者。在对语言这一人力资本进行投资的选择中,对语言种类的选择会以收益回报率作为主要标准。回报率因环境的不同而有所不同,由人类对语言的需求以及特定的社会环境所决定。人们会因学习成本的差异而放弃高回报率,对其他种类的语言进行选择,其中选择对学习成本相对较低的语言种类进行投资的以老年人居多。因此,为实现此项人力资本投资收益的最大化,还必须对供需关系进行权衡,理性选择。人类对其他语言进行学习,并非只是对其民族的历史与文化进行了解,或是改善同其他人的交流能力,从人力资本的角度来看,对其他语言的学习能够加大对知识的投资,具备更多的技能,从而使经济收益得到提升。

本书的研究意义主要体现于以下三方面:

第一,有助于丰富汉语国际推广经济学分析的理论研究。随着中国提出的"一带一路"倡议的实施以及全球政治、经济的一体化发展,未来必然趋向于大开放式的发展,中国在亚太和世界上的影响力也会进入一个快速上升期。这也就要求汉语作为新的国际性交流语言在亚太乃至世界上的地位重新被评估,其作为文化、外交工具的价值也会相应地得到体现。与发达国家的语言国际推广相比,汉语国际推广仍处于初始阶段,亟待进一步拓展语言国际推广的视野。本书以语言国际推广的相关理论为指导,通过对语言国际推广的经济、政治、文化价值的分析,可以在一定程度上厘清语言国际推广和经济发展之间的内在相关性,与政治文化多维层面的互促关联性,从而为汉语的语言国际推广提供一定的理论支撑和指导。同时,该角度的研究对语言经济学、国际政治经济学等理论具有可能的填充力。

第二,有助于探究汉语语言国际推广的发展路径。从历史的角度考察,英国、法国、德国、日本、西班牙等国的语言具有较高的跨国通用性,但其应用人口数量却十分有限,尤其是日语,在工业革命中并未占据全球殖民地的情况下依旧可以成为跨国通用语言,表明日语的语言国际推广与其自身发展政策具有较强的国际发展优势。而中国作为人口大国,汉语的跨国通用性却较低,汉语的语言国际推广力度仍待提高,中国"硬实力"的增长还未通过汉语的跨国通用性得到充分体现。一门语言或者文化可以通过"硬实力"构建其跨国影响力,同时也会进一步延续国家"硬实力"的影响周期,甚至在经济增长乏力的情况下,成为延续国家实力的主导性因素。正如现在的英国,虽然其经济与军事和过去的辉煌时期相比已不可同日而语,但是英语却成为英国经济文化发展的"硬实力"。中国作为全球人口大国,在日益复杂的国际环境中占据着十分重要的地位,甚至在某些方面已经开始发挥主导作用,"硬实力"的提升有目共睹,但"软实力"的增长仍较为欠缺。在"软实力"的增长中,汉语的国际推广不容忽视,这不仅关系着中国政治、外交、文化、教育的发展,同时也会影响国家经济的进步。近年来可以说"中国速度"就是中国经济的代言,而如果相应的其他支撑给力不足,中国经济的后续发展必然会表现乏力。虽然汉语的语言国际推广起步晚,但发展前景广阔,以经济发展为基础,借助中国悠久的历史文化、优秀思想与特色民俗民风,汉语的语言国际推广可有广阔的发展空间。本书力求探究一条推进汉语语言国际推广的发展之路和实践路径,并期待从思想与策略上完善发展方案。

第三,有助于促进语言国际推广实践与理论研究的进一步契合。本书研究的出发点在于语言这一事物的经济属性及研究可行性,但同时由于语言的社会属性及影响因素的复杂性,使理论研究的深度和精确把控性难于实现。这也造成了较长时期以来在语言国际推广方面的工作与理论研究不易实现有效互促的情况。本书尝试在一定条件下选取相关指标进行语言推广模型化研究,较为清楚地展现语言国际推广的实际价值,并对语言推广的实践做出数量性肯定和方向性引导,同时结合一定地区汉语国际推广的现实案例进行分析和验证,期待促进语言推广领域的实践与理论研究关联性的进一步加强。

■1.2 研究思路与方法

本书以"一带一路"背景下汉语国际推广的理论评价与实践为研究对象,以经济学基本理论和与研究对象相关性紧密的语言经济学的现有理论为基础,在对语言经济学的研究角度与相关理论发展状况、各国语言发展规划、语言国际推广的相关文献进行梳理研究之后,对汉语国际推广的现状与各国语言推广的情况进行了分析。为了对汉语国际推广进行较为定量的研究、获得较有明确方向性的政策思路,在对语言国际推广的各影响因素及政治、经济、文化方面收益进行分析的基础上,本书尝试建立了一个语言经济价值的评价模型,意在通过建立模型进行分析,了解哪些因素会影响并决定一种国家语言在国际推广这一全球市场中的价值。模型中各项指标的选取存在一定的可操作性方面的限制,但因指标选取与模型的形成是建立在前期政治、文化方面因素与经济角度因素的分析之上,所以指向性和适用性并不受影响。分析评价了语言的经济价值之后,以上述理论研究为基础,本书选取了汉语国际推广的实际案例进行了支撑分析,在这样的研究步骤下,形成了对汉语在政治、经济、文化多维视角下国际推广的措施实施路径。这一措施不仅应包含发展规划的基本观点,同时也应有明确的发展思路与战略布局,当然还有具体切实的做法。

本书运用主成分分析法、模糊综合评价法对语言经济价值的模型进行了构建。通过收集相关的基础数据,分析语言国际推广的多种影响因素,选取二层指标建立了语言在全球市场中的价值评价体系,并进一步探讨这些影响因素对语言国际推广的影响力度有多大,评价语言国际推广的收益如何。对于语言推广这一受多因素制约的研究对象,综合评价法可以较好地做到定性评价向定量评价的转化。在分析佐证语言与经济的关联性方面,运用计量方法对所选取的语言产值和GDP数据进行了实证研究。同时,依据各国语言规划与推广的历史数据,运用归纳和演绎方法对语言国际推广的发展规律进行了梳理和诠释;用比较方法对各国在语言国际推广中的做法和实际效果进行了分析;运用实地访谈调查的方法,收集取得了汉语国际推广在中亚地区实施案例中的相关信息。更为具体来说,定性调查在此次访谈中的目标是获取最大差异的饱和信息,所以调查对象的基数可能并不大,但力求达到对汉语在中亚地区推广情况整体性的反映。

第 2 章

语言经济学、语言国际
推广与发展规划

■2.1 基本概念及理论

2.1.1 "一带一路"倡议与语言经济

"一带一路"倡议的实施,将语言要素以前所未有的趋势加入经济发展的规划中。"一带一路"源于中国,属于世界,它是探索包括世界经济合作在内的全球治理模式的新平台。在这一平台上实现各种渠道的互通是其核心,而语言相通在其中起到了"民心桥""商贸桥""外交桥"等重要作用。随着"一带一路"倡议的实施和发展,语言作为国家基础性资源的理念已日益为各国所接受和重视,语言资源已成为一国的经济资源和战略资源。

语言与经济活动密不可分,语言产业是把语言和文字作为生产原料和内容,生产语言产品或服务,在市场中满足个人或社会语言消费需求的产业。语言产业的发展对一个国家或地区的经济增长具有很大的推动作用。西方一些语言产业起步较早、业态比较成熟的国家的实践已经充分验证了这一点。英国伦敦的语言技术中心 2009 年在对欧盟国家语言产业规模的调研报告中得出:语言产业受经济危机影响的程度比其他产业要小,在欧洲所有行业中增长率最高。在语言经济学的理论框架之下,语言产业政策的制定和实施,可以很好地促进当地经济的发展,并对一个国家以及民族地区其他产业的发展起到很好的促进作用。

随着语言的经济属性日益突显,我国国内对语言产业的研究也有了进一步的发展,从对语言产业的定性研究逐渐向定量分析发展。语言学者们提出,开发和利用语言资源,可以产生语言经济(李现乐);语言也是硬实力,构建和发展语言产业可以获得语言红利(李宇明)。更进一步,从语言服务的视角,对语言产业的外延给出了较好的定位(屈哨兵);也有学者以大量案例为基础,研究了我国语言产业的发展状况(贺宏志,陈鹏);对语言消费问题也有相关视角的研究(李艳)。

经济学者们对这一课题也进行了从无到有的持续研究。黄少安、苏剑、张卫国在区分语言产业、文化产业以及教育产业的基础上,提出了语言产业的定义。他们认为语言产业是一种生产和服务活动:它主要采取市场化的经营方式生产语言类产品或者语言服务,满足国家或者个人对各种语言类产品或者语言服务的多层次需求。他们基于我国语言产业的发展现状,提出了我国语言产业的战略。刘国辉、张卫国介绍了加拿大发展语言产业的经验,指出该国语言产业发展较为迅猛,其发展策略可为中国提供启示。国外著名的语言经济学家格林对语言产业的经济贡献度做了初步研究,但是还没有形成统一的范式以及方法。苏剑以 2000—2012 年的时间序列数据为基础,采取现代计量经济学的方法,实证研究了语言产业对经济增长率的贡献度,为构建语言产业的战略提供了理论基础。

2.1.2 语言国际推广与语言发展规划

语言规划是语言政策的体现,它也是国家或社会对语言问题根本态度和意识的一个反映。语言规划的对象包括语言本体和语言地位两方面,语言本体也涵盖了各个层面,如地方的、民族的、国家和地区等的语言种类。语言规划的一个重要方面是语言的选择,即共同语言的确立、协调和推广。语言的国际推广,就是一个国家在其语言发展规划框架下将本国语言在世界上的使用、普及等促进活动。一国语言在此过程中体现出国家公共产品和全球公共产品的二重性,同时,由于语言的工具性,它与文化、商贸、外交等因素互为载体、相互促进。

语言发展规划的出现背景为一定社会思想与社会发展程度的形成,涵盖教育、文化、经济、社会政治等不同领域,是包含历史学、文化人类学、教育学、社会学、语言学等多个学科的重要研究内容。在语言学得以快速发展的环境中,语言发展规划逐渐发展成为一种独立性较强的研究领域。例如,李英姿认为,社会语言学家的工作不仅局限于扩展、丰富语言研究理论范围,还在于为民族的统一、国家的进步起到积极的指导性作用。自 20 世纪 50 年代以来,Weinreich 首次提出了"语言发展规划"这一概念,且在此基础之上,美国另一位语言学家 Kennedy 将语言发展规划列入语言学中。在发展历程中,语言发展规划的研究路径主要包括如下内容。

1. 语言发展规划的研究历程

20 世纪 50 年代至 80 年代,语言学研究范围内容初步进入了"传统语言发展规划"时期,并推动语言发展规划拥有了第一个发展高峰期。在该阶段,语言学家在社会学家、经济学家制定的为国家经济、独立做贡献的目标的鼓舞与启发下,寄希望于通过有效规划与管理语言,实现国家发展目标,所以,亚非等国家开始开展语言发展规划活动。在该时期的后段时间内,大多数学者将研究重点置于总结语言发展规划的整体面貌与局部特点,其中,豪根(Haugen)与 Fishman 所做出的贡献最为明显。Fishman 是语言发展规划研究团队的主要负责人员,亦是发起推动语言发展规划运动的重要力量,其研究成果充分证明了语言发展规划的发展需求与发展要点。而豪根的主要研究为提出如何建立语言发展规划系统,并在《近代挪威语言规划研究》(Fishman)中,概括得出完整度较强的语言发展规划模型的优势。20 世纪 70 年代至 80 年代,语言发展规划研究进入了"质疑期"。在该阶段,原有的理论、经典的研究受到了外界的批评,由此可见,语言发展规划研究领域形成了一个研究低谷。这是因为在社会活动与社会行为发生变化的前提条件下,参与语言发展规划研究的学者开始产生疑问,并预设语言发展规划程序应为:某个区域或国家存在现实的语言问题—由专门研究小组调查问题的发生原因—开展语言发展规划活动—解决语言问题。回顾该质疑与批评阶段,语言发展规划的该发展历程反映了该领域原有理论模型自身存在简单化问题,并随之显露出语言发展规划与社会语言生活需求之间的差距。所以,从一定角度上分析,语言发展规划的"质疑期"可被称为推动语言发展规划研究深入发展的重要动力。自进入 20 世纪 90 年代,语言发展规划得到了复兴发展的机会。在此关键性的阶段,语言发展规划再次成为学者研究的焦点。同时,在信息科技得以高度发展、经济全球化趋势明显的背景环境中,全球化语境与现代化社会特征的形成,带来了一系列社会行为的变化。随之,人口迁徙与流动的常态化、媒体转向网络、信息处理技术推动经济发展、国家安全战略焦点转向非传统安全领域等情况不断发生。上述社会背景的变化,同时带来了不同的语言问题与新型的语言现象,且在虚拟语言与现实社区语言环境中,社区成员可交替变换使用日常用语,因此,语言发展规划研究人员需重新考虑语言应用在文化、经济、社会等领域的角色与地位。

2. 语言发展规划研究领域的延伸与扩大

在客观条件的推动下,语言发展规划研究范围得到明显扩大,该方面的研究已突破了发达国家学者关注的局限,大多数发展中国家的学者亦将其作为一项重要内容进行研究。"9·11"事件发生之后,美国等国家的学者通过研究隐性的语言发展政策,对"关键语言发展规划"进行了解读与总结。这一阶段的研究不再停留于语言发展规划与语言政策的描写过程,而是更为深入地探索了语言发展规划发展所需的根本性基础。此外,语言发展规划研究领域的扩大还表现在,该方面的研究呈现全球化与区域化的发展趋势,代表性研究作品包括Hammillde 的《语言全球化》、Watts 的《南太平洋的美国第二语言》等。同时,进入 21 世纪,英国多家出版社先后出版了南美洲、亚洲、欧洲、非洲等地区的语言政策与语言发展规划,并对太平洋地区的语言政策进行了专门探索。另外,语言发展规划研究范围还涉及历史文化、社会学、政治学等不同视角,深入探索了语言政策与语言发展规划的实践过程与效果。

3. 研究主题关注焦点与多样化特点

语言发展规划研究的多样化特点是指,随着传统研究内容的不断丰富,语言发展规划涵盖了与之相关的所有主题。《语言政策与语言文化》(Schiffman)、《语言政策、教育、权利：土著、移民和国际视野》(Hornberger)、《语言立法与语言政策》(魏丹)、《语言规划和语言政策》(刘海涛)等研究,关注到了语言发展规划、语言政策与语言文化、语言权利、社会历史环境之间的关系。另外,Adger 曾针对语言发展规划声望、动机、程序等内容进行了研究与探索,为国家安全与语言发展规划多方面研究的开展奠定了理论基础。现阶段,维护语言目的性、多样性,以及双语环境中语言发展规划的思考、教育政策的变更,逐渐成为语言发展规划与推广研究领域内的思考重点。

4. 构建理论模型,开展综合性研究

现有的研究成果表明,很多语言发展规划与推广研究人员,从理论积累与实践案例等层面,更为全面地阐释、把握了语言发展规划的现象与本质,为开展综合性研究提供了重要平台与前提条件,从而确保理论模型的创建与发展更为科学、完善。换言之,构建理论模型、综合性研究的开展,有助于为语言发展规划研究的深入提供大量的方法论与实证基础。其中,综合性研究成果表现为

《语言政策导论》(Thomas Ricento)、《中国当代语言规划的理论与实践》(郭龙生)、《从理论到实践的语言规划》(曲云云)等。Ricento 教授的代表作品《语言政策导论》,充分展现了语言发展规划研究的"综合性"特点,从语言政策的局部研究、语言政策的方法论区域、语言政策的理论研究三方面进行了专题论述。

2.1.3　语言经济学的有关理论

学者格林(Green)在 1992 年提出了语言经济学的定义,指出它是"理论经济学的一种范式,在对表征语言变量的关系研究中,使用经济学的概念和工具。它主要侧重于经济变量起作用的那些关系","经济学的特点不在于它研究的话题,而在于研究那些问题所采取的方法。从这个意义上说,把经济学论证推理方法应用到语言问题之后,它就成为语言经济学的一部分"。在西方主要的发达国家,对语言经济学的研究主要还是在格林定义的语言经济学范围内。根据格林提出的语言经济学的概念进行推论,在人力资本范畴下的语言经济学主要的研究方向包括对国家的语言政策进行分析,将语言政策与经济行为进行联系;在双语国家甚至多语国家中,语言对国家经济、国民收入的影响;语言对经济发展的影响;等等。语言经济学的主要研究方法是将语言作为一个变量,运用经济学的理论、研究方法甚至经济学工具阐述语言与经济发展之间的关系,以及语言对经济发展的影响。语言经济学主要运用的经济理论是人力资本理论,在学科分类中,它既可以属于语言经济学范畴,也可以属于传统微观经济学范畴。

我国学者杨秀文于 2003 年发表的《语用学产生与发展的根源》一文,分别从哲学、语言学两个不同角度对语用学的产生与发展进行了论述,对语用学的由来进行了解释。文章中对语言经济学出现的哲学意义与社会意义进行了详细的介绍。同时,我国学者蔡辉在 2009 年发表的《语言经济学发展与回顾》一文,详细阐述了作为语言学与经济学的交叉学科,语言经济学是如何产生并逐渐发展的,论述了包括语言对收入的影响、人力资本理论、经济学理论、经济学的语言、语言与经济发展的关系等,并对语言经济学与经济学语言的不同本质进行了区分。语言经济学理论的提出者马尔萨克,将人类在经济行为中选择的语言与人类交流用语的选择进行了比较,给出的结论是:人类语言的不断优化与经济行为有着密不可分的关系,语言是人类经济行为中不可或缺的工具,具有效用、收益、价值、费用等多种经济特性。这是第一次明确提到语言经济学的理论。当前语言经济学的研究主要包括三条主线,分别是用经济学理论对经济、经济学与语言修辞的关系以及语言本身进行分析研究。

1. 人力资本范畴下的语言经济学研究

美国著名经济学家沃尔什(Walsh)在 1935 年发表的《人力资本论》中提出了成本与收益对比的分析方法,利用经济理论将人的教育经费作为成本,将人的收入作为教育投资后的经济收益,得出学历越高,教育所产生的收益也越高,"人力资本"的理论从而第一次被提出。之后,经济学家舒尔兹与贝克尔在 20 世纪中叶对人力资本进行了研究。舒尔兹(Schultz)1960 年在演说《人力资本投资:一个经济的观点》中对"人力资本"进行了定义,为人力资本学说的后续研究打下了坚实的基础。教育经费是人力资本中成本构成的主要部分,人对语言的学习是教育经费的主要支出部分,对语言经济学的研究不能脱离人力投资与教育投资理论,人力资本理论从而成为语言经济学的研究主线之一。

2. 经济学与语言修辞之间关系的研究

关于经济学方法论的探讨在 20 世纪 80 年代非常活跃,主要探讨的是一些"后现代"的经济学方法论,包括语言修辞学、社会学、语言文学等。同时出现了许多关于经济学语言修辞的文章,如《接受学:广告语言研究的应有思路》(糜若焉)、《提高语言的效能——〈修辞和修辞教学〉序》(张志公)、《试探英语中模糊语言的修辞功能》(张绪援)、《经济写作》(Mccloskey)、《经济学修辞学》(Estrada)等。其中最具有代表性的是麦克洛斯基对经济学语言修辞进行的一系列研究,她发表的《经济写作》在经济学领域引起了巨大反响,受到了许多著名经济学家的关注。在麦克洛斯基发表了一系列关于"经济学语言修辞学"的文章后,许多著名经济学家对其文章发表了评论。

3. 运用经济学的理论分析语言本身

在运用经济学理论分析语言本身方面,学者鲁宾斯坦(Rubinstein)在其发表的《经济学与语言》一书中对经济学语言的理论进行了研究,对博弈论进行了论述。该著作更是运用经济学理论来阐述语言本身,分析了语言本身与经济理论的相关性,总结了语言本身与经济学的二元关系。鲁宾斯坦的研究方法在语言经济学领域内具有重大的意义,为语言经济学的研究开创了新的方法。但从文字进行理解,语言(学)经济学是从语言角度对经济学理论进行研究,所以可以被认为是对语言经济进行研究的学科,例如语言在经济活动中体现的价值、语言培训与经济收益的关系等。语言(学)经济学还可以被认为是将语言作为分析经济学的一种手段,比如经济学的语言修辞研究可以算是语言经济学的一个分支,但是语言(学)经济学(linguistic economics)的研究范围不止于此,它还可以从语言的产生与发展过程进行研究,利用经济学理论来阐述语言是如何实现产生、演变、发展。由此可见,语言经济与语言经济学是两个不同的学术范畴,既有相互独立性,又有相互关联性。

经济与语言是一个较为笼统的概念。亨德森(Henderson)等共同编辑的《经济与语言》文集,对经济学语言修辞的相关文献进行了收集与整理,在文集中对语言的结构和语言问题运用经济学理论进行了分析,其中包括了语言所表述的语义性质问题、日常用语的二元结构问题、语言所表达含义的演变问题、词语意义的演变发展问题、语用学中需要思考的问题、关于博弈论问题的思考等。鲁宾斯坦在文中对经济学理论与语言的问题进行了思考,探讨了经济决策、经济语言、博弈论的语言修辞学问题,不难看出,鲁宾斯坦选择"经济与语言"为题的用意。首先因为书中对语言的产生、发展,语义的演化等问题进行了探讨,还利用经济学理论对语言的演化进行了科学的分析,书中分别用了经济与语言、语言与经济两个标题,将作者鲁宾斯坦想要表达的意思加以区分。其次因为书中要表达的理论与传统意义上的经济与语言没有关联。鲁宾斯坦曾经表示,尽管题目相同,但是书中所叙述的理论与经济学家格林所提出的语言经济学研究领域并不相同。鲁宾斯坦还强调说,《经济与语言》一书中,"经济学与语言"的标题下对几个完全不相同的问题进行了论述,但是这个标题下所有可能涉及的问题并没有一一列举,比如经济学家格林等人提出的语言经济学问题就没有涉及,鲁宾斯坦认为"经济学和语言"所涵盖的内容要大于经济学语言。

为什么鲁宾斯坦与格林所提到的语言经济学不相同?同是"语言经济学",有什么不同的含义呢?鲁宾斯坦所提出的语言经济学是一个非常宏大的领域,其所涵盖的内容特别宽泛,因此研究的方式也较为特别。信息经济学的创始人、经济学家马尔萨克是在对信息经济学进行研究时,提出了以经济学的角度对语言进行优化的问题。经济学家格林等人提出的则是以人力资本理论为出发点,探讨语言与经济发展的关系。经济学家麦克洛斯基主要对经济学中的语言修辞学进行论述,研究范围较小,只是语言经济学的一个分支领域。经济学家鲁宾斯坦提出的是用准确的经济学理论对语言的产生、发展、演变方式进行研究,这是经济学家鲁宾斯坦对语言经济学做出的一大创新,具有重要的学术意义。鲁宾斯坦提出的研究方法,开创了语言经济学新的研究方向,并对语言经济学的研究发展做出了具体的尝试,将语言经济学提升到了一个新的理论高峰,使语言经济学具有了真正的学术意义。

4.本书对语言经济学的归纳总结

总而言之,语言经济学是一门运用经济学的科学理论、研究原则和研究方法,将人类语言的产生、发展、演变看作普通的社会经济行为进行研究的经济学学科。语言经济学作为经济学的分支学科,按照研究范围还可以分为广义语言经济学和狭义语言经济学,按照研究方向可以分为理论语言经济学和应用语言经济学。

参照经济学"economics"的表述方法,可将广义语言经济学用英文"language and economics"进行表述,从而准确表述广义语言经济学的含义。狭义语言经济学主要是对广义语言经济学的各个具体分支领域进行研究,研究范围较窄,但是研究的内容更加深入。语言的经济学(economics of language)、语言(学)经济学(linguistic economics)、经济学与语言(economics and language)相对于语言经济学(language and economics)都可以看作是狭义语言经济学,并且经济学语言与语言(学)经济学的研究领域还存在着一定的交叉。语言的经济学与语言(学)经济学的研究领域都包含在语言经济学的研究范围之中。语言经济学、语言的经济学、语言(学)经济学、经济学与语言具体的关系如图 2-1 所示。

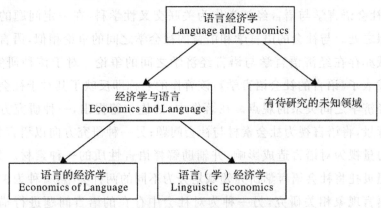

图 2-1　语言经济学与其他学科之间的关系

单从字面上理解,理论语言经济学就是理论上对语言经济学进行研究,并对其中的经济学论点与语言经济学研究的方法论进行阐述,或者运用经济学理论对人类语言的产生、发展、演变等社会现象进行解释。理论语言经济学研究的主要内容有以下三个方面:

(1)运用经济学理论来研究语言本身的一些问题,例如用经济学理论对语言的产生、发展、演变进行分析。

(2)对语言学在经济活动方面是如何运用的进行相关研究,比如语言本身和语言行为会对经济行为与相应的经济活动产生怎样的影响,同时还要将语言作为经济活动中的要素进行研究。

(3)由于语言科学和经济学理论及方法之间有交叉和融合的部分,对于这部分的研究也许可以上升到哲学层次,如语言经济学这门学科的研究对象、学科的性质以及地位和研究方法,与其他学科之间的关系,语言学科如何定义其基本概念,如何在理论和实践中同时赋予其相应的经济意义等。

这就表明,上述研究比较重视语言经济学在经济和社会上的指导、应用与实践,从而使得现实社会中遇到的语言问题和经济问题得到解决,此亦为语言经济学研究领域的主要内容,也是本书选择研究角度的出发点。例如,相应的语言发展规划与语言政策的制定,正在实施中的语言文字的改革,经济分析以及推广,这些学科的成本、所获得的收益,外语教学在实践中所遇到的问题等。

语言经济学的发展与制度经济学、社会语言学、哲学、语言学、地理语言学之间存在一定程度的交叉与联系,上述几个学科领域均会关注到语言这一要素。同时,由于各个学科本身的知识取向与需求各不相同,使得语言经济学的本质也不同于其他。语言经济学与相关学科的关联表现在以下方面:

(1)社会语言学与语言经济学作为关联交叉性学科,在一定问题的探索方面有相似之处。与社会的语言学和语言的社会学之间的争论相似,语言经济学研究领域亦存在经济语言学与语言经济学之间的争论。对于该种研究争论,Fasold 发表了《语言的社会语言学》,该著作的名称即反映了其对于社会语言学与语言经济学之间关系的观点。在著作中,法佐尔德提出,一种研究方向以社会作为背景,将语言视为社会素材与社会问题;另一种研究方向以语言为媒介,将社会力量视为对语言造成影响,并辅助解释语言性质的一种素材。另外,语言学家温贝托将社会语言学研究领域划分为不同的两种类型:一种为关系社会变数的语言现象相关研究,另一种为对社会中存在的语言问题进行描写。之后,Barron 提出,语言学领域内的研究对象并不局限于所有语言或某种语言,其同样也是语言层面中拥有的社会集团,从此角度出发进行研究,便可将社会语言学与语言学的研究内容相融合,即不必区分语言社会学与社会语言学。

(2)通过深入分析语言经济学的发展历程,可发现现阶段该方面的理论知识主要集中于语言规划与语言政策、经济发展与语言的博弈分析,其包含经济学语言、经济学分析的语言与修辞等内容,但是却尚未涉及如何将语言视为制度,并对制度进行经济学分析。同时,再将制度经济学作为研究对象的著作中,亦未对语言制度进行专门的全面分析,未在探索经济绩效与制度之间的影响关系时综合考虑语言制度的意义。为弥补上述研究缺憾,探索语言包含的制度属性,逐渐成为具备高研究价值的问题。此外,Pattersson 提出将语言作为一种制度安排,且被称为制度中的"元"制度。这就表明,赋予语言制度属性,并对其开展可行性分析具有可靠性与合理性,换言之,语言制度亦为语言经济学与制度经济学领域中的共同分析议题。对于经济学制度分析而言,语言占据重要地位。如果将制度经济学与语言经济学的理论知识相结合,且从语言自身带有的制度属性出发,探索制度与语言之间的内在联系,则无论是对于语言经济学,还是制度经济学而言,均具有十分显著的理论价值。另外,如果从语言发展过程角度出发,则寻求制度经济学中的新理论突破点,将会有利于相关研究的大幅度推进。由于新制度经济学的定义为,全方位掌握商业生活、政治生活、社会生活中的制度,从而将人类学、社会学、政治学、组织理论、法学、经济学等知识集于一体。由此可见,制度经济学横跨了教育学、人类学、心理学、社会学、语言哲学、语言学、经济学等学科,且包括尚未被挖掘的领域。对此,语言经济学领域内研究命题的开展,为上述学科的进步提供了全新的分析方法与视野观察方法。

(3)深入分析语言经济学与地理语言学、经济地理学之间的联系,能够为科学界定语言经济学的本质特点、开拓其学科视界提供依据。Hubbell 在研究中总结得出,地理语言学的定义为,语言学家在研究社会团体、空间范畴中语言事实的分布特点的同时,应用新型的地理学方法,并充分利用制图等工具,建立其与语言之间的关联,从而将空间环境中存在的各种因果关系连接起来,普及并证明材料、文化、简介使用等与词义、词组、词汇之间的联系,彰显群体状况、亲属关系、影响范围等。地理语言学的研究,为语言经济学的发展提供了更为丰富的资料,拓展了语言经济学的探索范畴。例如,关于语言地图描绘、小语种语言保护、语言数据调研、世界小语种发展、语言谱系等地理语言学领域的研究,在一定程度上提高了语言经济学的研究水平与层次。在充分应用语言谱系理论知识的同时,奇斯维克测算了语言距离,该项研究对于分析各国之间的贸易差距具有重要的现实意义。此外,地理语言学中展现的相关数据,诸如在全球范围内语言的种类与数量等,为语言经济学研究人员利用经济学计量方法、证明语言发展规律提供了可靠的原始信息与材料。这就表明,对地理语言学相关内容进行研究,有助于语言经济学方面的研究获得更多的数据资料,从而提升语言经济学理论知识的合理性与严谨度。语言经济学的实证研究以上述地理语言学的知识为背景,可提出更具说服力的语言学制度。

随着社会技术的蓬勃发展,各种文化之间的交集逐渐增多,在交际功能中语言因素也愈发突出。由于社会经济不断进步,对语言的要求标准也随之提高和全方位化,基于经济社会背景不同、文化不同、语言不同,加之语言的不平等引发的各种政治制度问题、经济问题逐步出现并受到了各领域人士的高度重视,作为交叉学科的语言经济学顺势而生。经济学同语言学之间除去因内部属性有所关联而进行相互融合之外,在具体的应用分析中,可以利用经济学中的相关研究理论成果对语言的某些研究进行具体分析。在语言经济学中,从语言的出现到发展,全部由经济利益的扩大与需求进行决策,语言种类的组成及其结构的发展,也能够运用经济学的定性以及定量论述方式进行研究。

语言经济学经过20余年的发展,其概念得到了较为充分的扩充,尤其是其对于经济学的影响范畴逐渐扩展,使其成为经济学的重要分支之一。诸多学者的研究已经证实了这一点,语言经济学已经可以细分为理论语言经济学和应用语言经济学两个研究方向。目前,理论语言经济学的研究较为充分,但是应用语言经济学的发展尚需进一步探索,需要更多的实践应用案例支撑语言经济学的理论发展,因此本书在后面的研究中,引入相关的案例分析,从应用语言经济学角度对本书进行扩充,做到理论语言经济学和应用语言经济学两者的结合和相辅相成的发展。此外,在结合具体案例的基础上,还应对语言经济学与周边学科的关系进行合理的利用,通过周边学科的发展,促进语言经济学的发展。经过对前文的总结可以发现,目前语言经济学主要与哲学、社会语言学等基础学科和同一体系的学科之间存在密切的联系,哲学几乎与所有的学科都可以构成联系,哲学的指导价值在于方法论的提供和逻辑思维理论的更新,所以对于发展语言经济学只可以提供基础指导价值,而社会语言学和语言经济学作为语言学同一体系架构下的语言学科,两者的关系密切,但是社会语言学发展进度甚至不如语言经济学,因此对于语言经济学发展的借鉴价值也较为有限。为了提升语言经济学未来发展的空间,应扩展语言经济学与其他更有优势的学科之间的关系,如与政治学、基础经济学、国际贸易等相关概念的联系,厘清如何通过语言经济学促进政治、基础经济、国际贸易等方向的发展,对于扩展语言经济学范畴,提升语言经济学的研究深度,具有显著的价值。

■ 2.2　国外学者关于语言国际推广及发展规划的研究

2.2.1　国外关于语言国际推广的研究

关于语言的国际推广,国外学者所做的研究较多,然而大多数研究成果属于宣传类、介绍性的文章,诸如英国文化委员会发表的英语语言推广文章、富布莱特计划等,另外,其他国家的语言推广研究性报告数量较少。概括而言,国外在语言推广方面的研究成果包括:加利福尼亚大学教授格兰特(Grant)对英语语言推广现状进行整理,并于之后与英国文化委员会发表了《英国语言推广年度报告》,该部作品介绍了英语语言国际推广情况。例如,在《英国语言推广年度报告》中,格兰特阐述了英国语言推广进度,记录了与英国语言推广相关的活动报告、文化活动影响范围、财政报告等。在《英国语言推广五十年报告》中,Lindsay 阐述了在推广英语语言的各个阶段所获得的成就。经研究发现,国外关于语言国际推广的研究中,与歌德学院相关的研究内容较少,其代表作主要包括:Rainbird 发表的《歌德学院对于伦敦的影响》介绍了歌德学院如何通过艺术推广,在英国提升英语语言的实际意义;在《歌德学院建立历程》中,Michels 解释了歌德学院的推广英语语言的宗旨;在《关于中国特殊性对英语语言推广作用》中,Kallgren 明确指出了中国的特殊性为制约英语语言在中国范围内无法得到高效推广的关键性因素。由此可见,国际语言推广的文献资料、成果数量仍较为有限。然而,尽管就上述语言推广在中国的发展方面,中国国内学者对其做出了更多、更为翔实的研究,但是如果从学术等角度进行分析,可认识到国外语言推广在中国的发展,以及中国各方面客观因素对语言推广影响的研究较少,其中关于汉语语言国际推广软实力建设的探索更为薄弱。

研究结果表明,英语能够超越其他语言而成为国际通用语言的主要原因在于,英国在经过不断发生的殖民侵略、中英美经济地位分布不等、发展成为军事强国与世界经济强国之后,提出了将语言推广列入和平发展战略之中。在此过程中,英国国家领导人提出强化调研力度,加强语言推广政策的制定与研究,与海外语言学研究领域积极互动,从而协调英国国内外两个领域英语传播之间的关系。此外,在当今社会,英语推广得到稳步前进的发展机遇,得益于其现实国力情况与历史优势,更得益于英语语言研究学者提出的英语国际推广指导思想等。不断的技术更新、稳固的同盟援助、全方位的实施途径、潜在的推广方法、充足的经费、完善的政策保障与组织机构等,为英语语言国际推广的成功奠定了基础。对此,Grant 在《英国语言推广年度报告》总结出英国语言国际推广的成功经验表现为:英语推广政策与技术变更相结合,并在推广各个阶段适当调整语言推广方案;提升英国与其他英语使用国家英语国际推广的合作力度;将英语文化推广与英语语言推广进行紧密结合;构建全面、系统化的英语国际推广政策执行体系;不断健全英语国际推广政策理论体系;设立能够统筹英语国际推广的专业化语言推广机构;将英语国际推广工作作为强国战略的关键性组成部分。

2.2.2　国外关于语言发展规划的研究

在《语言学与语言规划》中,豪根构建了语言发展规划研究模型,并首次将语言发展规划划分为语言与社会两大维度,且该两个维度分别涉及语言功能与语言形式。具体而言,语言维度包含细化功能、典化功能,而社会维度包含实施功能与选择功能。这就表明,语言发展规划模型中潜在语言发展规划内外因素的分析。另外,Liddicoat 在研究过程中明确提出了地位规划与本体规划的定义,认为地位规划是指与语言发展外部环境相关联的规划,如国语、官方语言等语言的选择;本体规划是指对语言自身进行整体性规划,主要涵盖现代化、标准化、文字化等方面的规划(Liddicoat)。之后,Liddicoat 发表了《欧洲的语言问题和语言规划》,在该部作品中,利迪科特以不同角度为依据,对语言发展规划的建设性等特性进行分类,其中,语言地位规划与语言本体规划为不同分类的重要组成部分。另外,通过列举实例进行论证,利迪科特全方位分析了语言地位规划与语言本体规划之间的关系,并提出二者处于相互依存的状态,且语言地位规划的发生为语言本体规划发生的前提条件之一。

为推动本体语言发展规划研究的发展,苏·赖特做出了专项性的研究,并完成了《语言政策与语言规划》。在该专项研究报告的前部分,苏·赖特结合其他学者的观点,对经典语言发展规划模型进行了完善与修改,但原有的语言、社会、功能、形式分析等内容不变,仍维持传统的基本框架,而语言维度与社会维度则分别被标注为"本体规划"与"地位规划"。之后,苏·赖特对本体规划与地位规划的功能、形式做出更为全面的展开与说明,指出本体规划为语言维度的重要代表,其所提及的细化是指功能拓展,典化是指标准化与规范化,且典化被进一步划分为词汇、语法与文字三个角度。此外,细化的定义为风格发展与术语现代化发展。此外,在实践论证方面,苏·赖特全方位介绍了在不同性质作用下的本体规划的实际表现,例如,正是因为美国科技研发人员使用的度量公制标准与国际度量公制标准并不相同,造成该类人员普遍面临英语拼写问题,这就表明,美国语言的统一将会在一定程度上以自身民族的统一为牺牲,以便实现真正的国际语言统一。加之受男女平等主义思想的影响,语言层面亦出现了带有性别歧视色彩的因素,进而如何选择语言形式成为男女平等主义者需解决的现实问题。发生于挪威的语言改革运动,造成区别新旧变体的明显特征为,单词的后缀是否带有"-a",用于区分不同的群体取舍、不同阶层、不同时期的变化。上述案例充分表明,地位规划与本体规划之间存在密不可分的联系,且本体规划的发生与发展将会受到政治因素、社会因素的影响。因此,在语言发展规划研究过程中,凸显案例分析与实践的作用,有助于强调语言发展规划中存在的共性问题,即如何权衡语言多样性与语言统一性之间的关系。

苏·赖特提出的语言发展规划理论,明确了在语言发展规划领域内地位规划与本体规划的地位,而针对国际语言发展规划开展的一系列研究,亦逐渐成为语言发展规划的经典模型,在 20 世纪 60 年代至 80 年代,该种经典模型的成立阶段被称为语言发展规划的经典发展时期。Nekvapil 在研究中指出,20 世纪 60 年代与 70 年代的社会语境与政治环境是形成语言发展规划理论的背景,而语言发展规划理论的部分特征在日后的发展中受到了一定程度的批评。但是,在该段时期内,与语言发展规划本质息息相关的变体与其之间存在的内在联系得到了确认,随之,部分诸如地位规划、本体规划等专业术语得到了普及。这就表明,语言发展规划经典时期为语言发展规划处于总结、国际社会范围内实践的边缘时期,尤其是在亚洲、欧洲等新建与新独立的国家,逐渐形成了利于语言发展规划发展的首个高峰。此外,在该重要阶段,美国福特基金会提出支持语言学科研究团队的建设后,Girma 发表了《发展中国家三螺旋模型的理论与实践》,该著作的发表表明大量以不同社会背景为基础的语言发展规划得到了广大学者的重视,为后续研究的全面展开提供了可能性。在上述分类标准的应用下,Cooper 将习得规划列入语言发展规划范畴,并使其自身形成独立的学科。在《社会变化与语言规划》(Cooper)中,库珀通过探索希伯来语言发展规划的发展历程,分析得出在本体规划过程中功能与形式选取之间的内在联系,并指出功能为形式的主要载体。为证明这一观点,库珀以语料库规划师的定义作为案例进行说明,语言本体规划者又名语料库规划师,其本质为在给定的假设性功能层面上,完成结构设计与选择。另外,语言地位规划的开展与实践,为本体规划的实施奠定了基础,这是因为实现非交际功能与交际功能的诉求,均能够产生对发展本体规划的需求。所以,作为本体规划的下属组成部分,其不仅包含现代化、标准化、文字化的类别,更包括典化与细化成分。

■2.3 国内学者关于语言国际推广和发展规划的研究

2.3.1 国内关于语言国际推广的研究

关于如何推广汉语语言,如何提升汉语语言的国际性等方面的研究,目前仍很薄弱,尤其是在中国发展历程中,通过推广国际语言建设软实力的研究内容不足。根据近年来收集的相关研究资料,了解到国际语言推广类的专业性研究著作数量极为有限,其具有代表性的为:由吴坚编著并发表的《全球化下国家语言推广战略:政策、模式与中国的借鉴》,以及由张西平发表的《世界主要国家推广国际语言的政策概要概览》。另外,中国国内现有研究文献中,有关各类语言推广的相关学术成果不多,且大多数研究人员将研究重点置于探索孔子学院语言推广方式,或是外国语言推广与孔子学院语言推广方式的对比性研究。概括而言,国内学者在语言推广方面的研究成果体现为如下几点。

1. 国际语言推广研究成果

目前,关于英国文化协会的研究成果包括一篇硕士本书与两篇博士本书,分别为何修竹研究的《英国语言推广政策研究》、徐波研究的《当代英国海外英语推广的政策研究》,以及郭蕾发表的《英语霸权的历史演变研究》。具体而言,何修竹在研究英国语言推广策略的过程中,在其研究结果中,详细阐述了英语语言推广历史的发展经过,以及相关政策的变化过程。例如,在《英国语言推广政策研究》中,第二章的第一节即为在中国发展背景下,英国文化协会的影响层面概况;徐波所做出的研究,致力于对当代英国海外英语的推广策略与政策现状与未来发展方向进行梳理,结合时代特点,将英语推广的政策报告体现于:《国家审计办公室研究报告》《西姆报告》《伯理尔报告》《杜坎报告》《希尔报告》《德罗赫达报告》等。上述报告的研究与分析,为徐波对国际语言推广研究提供了经验与参考；郭蕾于近年来的研究将历史与语言相结合，且在研究历史新发展特点的过程中，深入分析社会现象发展成为历史学重要发展方向的主要原因。例如，《英语霸权的历史演变研究》从国际关系与文化角度出发，对历史问题等做出了新的审视，并总结得出国家相关政府部门与单位应以国家战略为核心，充分重视文化传播与语言传播带有的软实力作用，以及协调汉语语言与英语霸权的措施与做法。张西平发表的《研究国外语言推广政策，做好汉语的对外传播》中，对日本、西班牙、德国、法国、英国、美国等多个国家的语言国际推广进行了全面比较与研究，不仅介绍了上述国家的语言推广现状与发展历史，还总结了英、美等国家在推广英语语言过程中彰显的成功经验。在此基础上，《研究国外语言推广政策，做好汉语的对外传播》亦为汉语语言国际推广提供了可靠性较强的参考性信息与数据。此外，国际语言推广研究方面的著作还包括：《英语语言系统的生态性与非生态性研究》（周文娟）、《英国传媒体系及其对外文化传播策略》（章晓英）、《全球化挑战下的法国文化外交》（石楠）、《日本的语言推广体系及启示》（刘元满）等。然而，现有的国际语言推广研究成果，均将研究重点置于英语海外推广策略与政策，而关于政策后期产生的影响，以及中国国内汉语语言推广现状的研究成果较少。

2. 关于建设软实力路径的研究成果

随着经济全球化、政治多元化形势的加深，国际格局发生了显著变化，诸如各个国家之间的各项竞争日益激烈，该国际背景的存在，为各国外交手段、外交形式、外交理念的时效性与多样化的发展提供了重要平台。其中，公共外交被称为一种对传统外交进行补充的政治功能，并于近年来得到了各国政治部门的认可与重视，且部分国家将公共外交作为自身国家"软实力"的关键性组成部分。在推广汉语语言的过程中，中国相关政府部门以西方文化交流、外交经验为基础，开始编制与实施带有中国色彩的文化外交策略，而其中已经取得显著成效的即为孔子学院所运作的汉语语言推广项目。通过深入分析西方发达国家的语言国际推广经验，可认识到为提升自身民族、自身国家语言的推广力度，建立、健全语言推广制度具有显著的必要性与重要性。例如，为实现推广国际语言的目标，英国在全球范围了成立了上百家教学中心与 230 余家英国文化委员会分支机构；德国成立了歌德学院；法国建立了上千个法语推广联盟以及分部。上述外国语言推广单位的形成，是推广语言的具体做法。与西方发达国家建立的语言推广方式相比较，我国相关部门与学者根据中国的软实力水平，亦开展了多项研究,具体表现为:张茗发表的《"和谐世界"与中国"新外交"》深入分析了中国外交策略与国际热点之间的关系,并发表了该方面的专著,在著作中,张茗以话语权与话语作为研究出发点,明确指出新时代的公共外交关系应具备战略性、合作性、开放性、主体意识性的特点,以便保证汉语语言的推广策略在规范与国际社会话语权方面的主导性特点与优势。另外,在理论建设路径研究中,周庆安在《中国第一本公共外交学术专著——评〈公共外交的理论与实践〉》中指出我国汉语言推广理论维度的构建,需要综合运用跨学科领域中的公共外交知识,并以此为基础,借鉴文化研究理论知识、公共关系理论知识、国际传播理论知识与软力量研究知识等。

3. 其他国家语言推广状况研究

由国家汉语国际推广领导小组办公室(以下简称国家汉办)研究出版的著作《各国推广本族话情况汇编》,分别阐述了法国、英国、德国等多个西方发达国家在自身国家语言推广方面取得的成就。同时,《全球化下国家语言推广战略:政策、模式与中国的借鉴》(吴坚)、《国外语言政策与语言规划进程》(周庆生)等,对国际社会中主要国家的语言推广方式进行了介绍与论述。其中,《全球化下国家语言推广战略:政策、模式与中国的借鉴》共包含22篇研究报告,涉及22个国家自身语言的推广策略,涉及发展中国家、中等发达国家与发达国家;《国外语言政策与语言规划进程》总结了西方各个发达国家建立并实施的语言推广政策,以及相关法律法规执行与实践效果。通过对该著作进行整体分析,认识到其主要内容为:国家多种语言推广政策、国家主体民族语言的推广与规划、官方语言与国家利益之间的关系、国语与国家利益之间的关系等。另外,由周玉忠发表的著作《语言政策与语言规划:国别研究理论》,涵盖多名学者对不同国家语言推广政策的研究成果;董学峰的著作《中外语言国际推广教育的政策比较》在对世界范围主要语言和通用语言的推广过程进行总结的基础上,提出汉语语言国际推广的未来发展方向;《语言立法与语言政策》(魏丹)探索了部分西方发达国家的语言文字立法与政策执行情况,并对此进行了简要介绍。针对某一具体国家语言推广进行研究的著作包括《20世纪80年代末以来的澳大利亚语言政策研究——语言规划目标视角》(胡晓旭)、《语言测试与语言传播:以西班牙语全球传播战略为例》(陆经生)、《当代葡萄牙对外语言推广政策及启示》(刘全)、《加拿大语言教育政策的启示》(杨艳)等。在《美国海外英语推广政策研究》(薛瑶)中,薛瑶、朱丽华介绍了美国国家传播英语语言的概况,以及该种传播对推动汉语语言发展所带来的动力与启示等,且在研究过程中,郑秋坤提出了政府部门制定的相关政策,为发展与传播汉语语言的扶持与引导提供依靠。

2.3.2　国内关于语言发展规划的研究

中国引进语言发展规划理论以后,研究学者们对其中的本体规划进行了研究:理论阐释、对理论的译介说明、具体研究本体规划的相关内容。这三方面有显著的研究成果,如下所述。

1. 国外理论介绍

语言发展规划发展其论述是阐述和介绍本体发展规划的概念。此概念在译介著述里可以找到:例如《论语言规范》(戴昭铭)论述了代码、特征以及行为规范;在《语言规划发展及微观语言规划》中,周庆生详细阐述了地位与本体规划;中科院民族研究所"少数民族语言政策比较研究"课题小组于 2003 年发表《国家、民族与语言——语言政策国别研究》(李桂兰)提到各国对本体规划的实践的详细介绍。理论综述类文章也详细阐述了本体规划的概念:比如王辉、邬美丽、赵守辉等分别对外国的语言发展规划进行研究,在研究过程中论述了相关的理念、内容与发展。此外,本体发展规划的概念也被编写在现代的语言学、社会语言学的著作与教材中,比较典型的学科著作和教材包括:《社会语言学概论》(祝畹瑾)、《语言学教程》(王远新)、《现代语言学流派》(冯志伟)、《作为社会符号的语言:语言与意义的社会诠释》(徐大明)等,均有专题列出"语言发展规划"的章节,根据地位规划来对应介绍本体规划。夏中华教授在其著作《语言潜显理论价值初探》中提到"语言本体规划是对语言文字本身所进行的规范化、标准化工作,目的在于改善和增强语言文字的社会功能,便于人们的交际"。陈章太在其著作《语言规划概论》中指出"语言本体规划的目的在于使一种语言或方言标准化,就是为它提供一切必要的手段,使它能够充分履行它的各种社会职能"。由此得知,在理论综述类文献中,没有专门哪一本书对本体规划做完全解释。

2. 本体规划理论研究

我国研究本体规划理论的现有著作文献中多为概论阐述,另外还有一些本体规划范围的相关讨论:在本体规划研究初期,初始代名词的称谓多有不同,但解释本体规划含义与概念的区别并不明显。在《语言规划(二)》(柯平)里,柯平认为本体规划被定义为"一种语言或语言辩题自身结构或内部状况";游汝杰、邹嘉彦将名词称作"语言本体计划",解释为针对语言结构自身所进行的计划活动;胡壮麟教授参考"corpus planning"的表格义译成"语言材料规划",将这一词汇解释为加工、改造、完善语言材料;徐大明等人参考相对的地位规划,针对改造语言创造出"语型规划"。《论语言文字的地位规划和本体规划》(冯志伟)针对本体规划做专题讨论,文中提出"Language Noumenal Plan or Language-in-self-planning——语言本体规划"是改造语言文字的本体规划并加以完善,通俗地说就是规范化语言和标准化语言。文章更进一步说明"在某一语言或文字内部其自身的普及推广以及标准化和规范化的问题",并对其范围指出划定,主要包含:推广与规范共同语、文字的规范化并制定相应的标准、制定标准化的科学技术术语。

部分学者参照地位规划也采用相应的方式划定本体规划的范围,例如,戴庆夏的规划是推广、规范全民共同用语、民族标准语,拟定文字规范的标准并推行,整理新兴词语并规范,科技术语标准化。周庆生在著作中指出对语言的规范标准进行统一的建立是核心内容,他针对各国各民族语言差异逐项举出了语言在标准化进程中五个不同的阶段。李宇明主张改革规范与完善语言文字是实施本体规划的重点,其中包含文字发音、无文字语言的文字创建。此外,在Haugen与苏·赖特的界定范围内解释定义,多是列举,并没有研究制定整体的框架。因此,现今本体规划研究理论的全面性仍然不够,缺乏足够的认知。

3. 本体规划的具体内容研究

中国学者对本体规划的研究收获颇丰。郭溪表示本体规划以前的研究多数没在框架内,而是以语言学理论作为方针,如"文字改革""汉语规范化"实质都是本体规划,具体目标是管理语言,并基于此形成地位规划的标准、依据,以利于维护、传播和教学。陈章太则将当代的语言分为两个阶段:之前主要是语言地位规划,流行于 20 世纪 50 年代至 70 年代,强调保护民族语言权利和平等,选择全民通用语言并推广,做好文字的革新,实行规范的现代汉语;及至 20 世纪 80 年代后期,这一阶段的主要任务是实行语言本体规划、制定统一的文字标准规范、推广普及普通话。在 CNKI 的搜索引擎中输入主题关键字"汉语规范化""汉字规范化",文献数量共计 5967 篇,可见权威的文献数据库对此类研究收录很多。普遍局限于模式和类型化的研究,虽然对理论研究有一定的基础参考,但总体成就偏低。中国本体规划的研究始于 1955 年的"全国文字改革会议"和"现代汉语规范问题学术会议",其中《现代汉语规范问题学术会议本书件汇编》(现代汉语规范问题学术会议秘书处)的报告做了现代汉语规范问题讨论的原因分析、原则性问题的解决、如何开展工作等内容,这次报告为后来多年的汉语规范化研究铺就了基础模式。20 世纪 50 年代《语文建设》(原为《文字改革》)发表了很多此类的研究论述。还有规范史类的代表作《当代中国的文字改革》(王均)、《当代中国的语文改革和语文规范》(苏培成)、《规范语言学探索》(戴昭铭)等都是理论体系建立的尝试。严格来说,本体规划并不直接等同汉语规范化,而是整体与部分的关系。语言规范化的研究有很明确的研究方向,并不能全部涵盖本体规划;而本体规划可以在它的机制下、在日新月异的生活中不断继续发展。本体规划主要经历三个发展阶段:起初它将"规范化"列为全部的研究对象,随后又增添了语言的标准与信息化,最后又不断更新解释与定位"规范化"。

4. 关于语言发展规划的理论研究的不足

据现状来看,对语言发展规划的研究内容重点讨论语言文字的要素,接地气但整体性欠缺;在方法和理论上又多数参考和复制其他文献的论述,既笼统又抽象。具体问题如下:

(1)全面性系统的研究不足。研究没有形成领域和统一的范畴,大多都是概述国外的研究理论,除了零散、肤浅的论述,案例性描述,对本体规划的概念和内容都很模糊,范围亦不清晰。

(2)没有理论突破基础研究。语言学者由于受结构主义语言学理论的限制和影响,拘泥于现有的规范、规则,注重详细描摹语言的现象,忽略提升理论概括,限制了研究结论的解释功能,从而影响了整体性的发展。本体规划的研究可以是归纳的方式,也可以选择演绎的形式,两种思路都由理论做先导支撑,才能够真正解释语言现象。

(3)语言发展规划系统的关联性研究欠缺。已有的研究在做概念解释时,将本体规划与地位规划并列,而研究本体规划的形成和发展历程时,几乎很少与语言发展规划系统里的其余部分做连接,仅局限于在语言结构系统内部做本体规划的阐述,该种方法令语言规范与语言标准的实施效果降低,无法达到预期研究目标。在整个研究体系中,地位规划、本体规划、习得规划和声望规划都各居其位但又紧密相连,它们形成了一个有机的语言发展规划整体。地位规划负责研究总体方向的确定;作为对位规划与习得规划研究的前提条件,本体规划占据系统研究的"底座"与核心地位,它为两者提供了研究的手段;习得规划为语言发展规划提供良好途径,保证总体方案的顺利进行,方便目标的有利实施;声望规划会出现在语言发展规划中的各个具体环节,也是顺利实现总计划的保障。所以,语言发展规划研究要与其他类型的相关研究相联系,将本体规划放在大体系的语言发展规划系统中考究。

(4)缺乏广阔的研究视野,没有综合考察每个背景因素的形成。已有的研究论述都比较抽象,语言缺乏舆情分析。语言发展规划的实行需要语言舆情来检验效果,如果给予足够重视,会致使具体研究没有机会实践参与本体规划,难以制定新的语言发展规划政策。

(5)研究背景狭小。忽略了信息全球化、自媒体与高科技信息时代带来的理念冲击,缺少结合社会新思想与语言本身的意识形态等各种元素的变化。另外文献著作前瞻性的理论推敲和量化,止于单一的文献论述,研究成果可信度与实用性不够。

2.4　国内外研究简要评述

语言的国际推广是目的,而语言发展规划则是基础,没有形成完好的基础,就难以实现最终的目的。通过语言发展规划的研究路径总结,本书厘清了语言发展规划的整个流程,诸多文献的总结与分析,都清晰地指明了语言发展规划研究历程,以及在发展过程中语言发展规划研究领域的延伸与扩大。几乎所有语言学者,都在基于语言发展规划对语言的推广做出贡献,虽然其中存在一些主题焦点的争论,以及未来发展方向的不同观点,但是无一不认识到,语言发展规划是基础,是所有语言发展的根本。也有诸多学者引入了数学模型理论,通过构建模型,将语言发展规划导入模型,评估未来语言发展的具体情况。这些研究都充分、充实地为语言发展规划肃清了发展道路。国外学者的研究主要基于本体语言规划开展,对于更广泛的研究尚缺乏统一性,也没有完整地将语言发展规划研究作为一个明确的课题或者方向,仅仅是研究了语言发展规划问题,并针对问题提出基于政治、经济、文化等方面的对策。而我国学者关于语言发展规划的理论的研究较为丰富,不仅对国外的研究理论进行了引入与介绍,同时也基于本体规划理论对语言发展规划进行了扩展,但是其中对语言发展规划的研究内容重点讨论语言文字的要素接地气,但整体性欠缺;在方法和理论上又多数参考和复制其他文献的论述,既笼统又抽象。综合来说具体问题包括:①全面性系统的研究不足;②没有理论突破基础研究;③语言发展规划系统的关联性研究欠缺;④缺乏广阔的研究视野,没有综合考察每个背景因素的形成。已有的研究论述都比较抽象,语言缺乏舆情分析。这些问题的出现表明,学术界对于语言发展规划的研究,路径十分清晰,对于语言发展规划研究的认识也较为到位,但是对于语言发展规划的研究体系尚未建立,未来发展以及与语言推广之间的关系尚未厘清。本书在后续的研究中,首先要注意的就是语言发展规划与语言推广是一体的,应该相辅相成,相互结合,开展研究。本书的研究核心基于政治经济学开展对汉语国际推广的研究,就应该在提出对策的过程中,充分地结合语言发展规划的研究成果,并以规划结果引导汉语的国际推广。

　　本书梳理了国内外关于语言国际推广的研究成果,尤其是汉语国际推广成果,可以从相关的成果中发现,目前学者对于成果的认可主要是各种对外机构的建设,无论是歌德学院的建设,还是孔子学院的设立,都是目前国内外关于语言国际推广的研究的主要方向。这些结果虽然以实体表现出来,但是对于其具体发挥的效果的研究,目前学术界较为短缺,所以目前国内外关于语言国际推广的研究相对来说浮于表面,没有更深层次地探讨如何通过歌德学院、孔子学院或者其他的语言推广机构直接实现对于本国语言国际推广的政治经济价值,如何将对于语言国际推广的投入转化为直接的政治经济效益。这种系统性的、经济学的研究较少,更多是基于文化推广进行研究,即设立对外语言国际推广机构,促进语言在当地的发展,然后推广本国文化。通过文化的渗透作用,促进政治经济往来,这个流程既漫长又无法直接展现经济价值。所以对于语言国际推广的直接收益,还有待深入地探析,本书将在研究中通过模型的构建,直接讨论政治、经济、文化的收益,希望可以进一步拓展语言国际推广的政治经济学研究空间。

第3章

语言规划理论及分析

■3.1 语言规划的构成

3.1.1 基本元素

1.语言规划

语言规划,与之对应的英文名称为"language planning"①,无论从英文角度还是中文角度来说,此定义兼具广义与狭义两方面的解释。在狭义解释中,语言规划还分为名词性解释与动词性解释。语言规划的动词性解释指的是管理、改变、干预以及影响语言和语言使用的文字行为与文字活动。学者们对于语言规划一词的定义提出了各自不同的观念。豪根在 1959 年将语言规划定义为:准备将词典、语法以及正字法加以规范的一种文字活动,目的在于指导不同类别语言社区内的口头语言与书面语言的应用。之后,巴鲁特(Barut)和豪根②于1972 年将语言规划定义修改为:以一个语言社区为框架,构建语言过程、政策以及目标的活动;智奈德(Jernudd)和古普塔(Gupta)③在 1971 年发表言论,并在言论中明确指出:语言规划并非一种完全隶属语言学和理想主义的文字活

---

① KENNEDY C. Language planning. [J]. Language Teaching,1982,15(4):264 - 284.

② BARUT A O,HAUGEN R B. Theory of the conformally invariant mass[J]. Annals of Physics,1972,71(2):519 - 541.

③ FISHMAN J A. Ein mehrfaktoren-und mehrebenenansatz zum studium von sprachplanungsprozessen[M]// Zur Soziologie der Sprache. VS Verlag für Sozialwissenschaften,1971:206 - 213.

动,其目的在于解决整个社会所遭遇的语言问题、管理以及政治性活动;查尔斯(Charles)、库伯①等在 1989 年提出:语言规划是指从意识上努力影响、左右人类语言行为的活动,包含分配功能、语言结构以及语言心得等功能;李宇明在2008 年发表言论,认为语言规划指的是权威学术机构或者政府部门为达到特殊目标管理、调整以及干预语言自身和"language situation"(社会生活语言)。近现代关于语言规划的动词性解释诸多,本书仅将具有代表性的定义解释加以列举说明。语言规划的名词性解释,指的是为实现一定目标出台的关于语言问题的法律法规、战略方针以及方案计划等,此种定义解释与"language policy"(狭义语言规划)解释基本一致。语言规划的广义解释,相关专家学者给出的定义为:语言规划系统的整体,既包含了语言规划的各种活动与其作用下形成的固定的研究成果(上述语言规划的名词性定义内容),还包含了 Spolsky② 于2011 年发表的语言规划涵盖的三方面内容的全部信息。

2. 语言规划系统

斯波尔斯基(Spolsky)将"语言规划系统"统一称作"语言政策"。2011 年斯波尔斯基③在所著《语言政策——有关社会语言学科的关键论题》一书中,首次郑重提出"speech community"(语言社区)包含的语言政策由三部分组成,学者想要了解语言社区内繁杂、无意识或者有意识的规划语言行为,就必须先对组成语言政策的三部分加以区分。其中,语言实践指的是选择"linguistic repertoire"(语言文字库)内全部种类的"variety"(语言变体)做出的惯性思维模式;"language ideology or beliefs"(语言形态意识或者语言信仰)指的是使用语言或者语言自身的一种信念;管理语言或者规划语言,指的是运用多种管理语言、规划语言以及干预语言的形式对语言实践进行作用或者改变的一种语言行为。通过深入分析斯波尔斯基对语言规划的阐述可以了解到,组成语言政策的规划语言或者管理语言指的是正常意义下的规划语言,也就是语言规划的狭义解

---

① CHARLES J,COOPER,CARY L. The making of the British CEO:childhood,work experience,personality and management style[J]. Academy of Management Executive,1989,3(3):241 - 245.

② SPOLSKY B. Language academies and other language management agencies[J]. Language Policy,2011,10(4):285 - 287.

③ SPOLSKY,BERNARD,张治国.语言政策:社会语言学中的重要论题[M].北京:商务印书馆,2011.

释。此外,斯波尔斯基经过研究分析语言规划的系统,折射出现代语言管理科学随着时代的变迁,自身的含义也在不断发生着变化。语言研究学者对语言管理的认识主要包含下面三点意义。

首先,对语言政策形成系统化的认识。语言规划体系将语言规划定义进行了拓展,囊括了包含豪根在内的全部专家学者对于语言规划范畴的认知,语言规划体系指出:语言规划不受原有语言领域所局限的主观意识层面的作用,换言之,语言代表一种行为。语言社区中的成员明显倾向于语言的变体,交际过程中选择使用的语言变项与变体,这些都称为规划语言的一种行为,所以语言实践与语言意识都隶属规划语言的范围。上述观点将过去人们在感性方面不能明确的、在语言规划中存在的普通的诸多现象加以联系,从规划语言的特点"合理选择语言或者使用语言"方面出发,寻找其和传统规划语言的共通点,进而更加系统、完整地认识了解规划语言的行为活动。斯波尔斯基在《语言政策——有关社会语言学科的关键论题》一书中概括了语言政策体系,该体系的理论特点为:语言规划体系组成的三个部分紧密结合为一体,也就是明显的语言规划或者语言政策、语言形态意识或者语言信念、语言实践。

其次,将语言规划的隐性元素总结归纳到系统中。语言规划体系的此项意义和上述对语言政策形成系统化的认识相关联。在原有的相关讨论中,语言学者在提出语言规划是有计划以及有意识的语言行为活动等观点的同时,还会在详细讨论各个语言社区与国家语言管理的时候区分"显性规划"与"隐性规划"。比如希夫曼在1996年提出显性语言规划政策指的是政府部门颁布的相关条例、法令、规则等明文政策;隐性语言规划政策指的是包含语言观念、立场以及态度等全部与语言关联的意识状态,这还被称为"文化语言"。显而易见,这样在观点上会导致矛盾的产生。斯波尔斯基就通过将语言行为或者语言观念中包含的语言规划内容形成理论,将隐性的语言规划明确地归纳到语言规划体系中,对研究分析语言中的隐匿现象更为有利。例如,美国并未下达正式的文件或者法律法规规定官方语言为英语,然而实际上美国明显支持将英语用作社交生活的重要语言,并将其作为传播文化和扩张的主要途径。所以,希夫曼[1]发现美国运用隐性语言政策微妙地推动国家语言政策的发展。此种隐性政策对

---

① SCHIFFMAN H F. Linguistic culture and language policy[M]. Routledge,1998.

国家语言的影响极为明显,例如帕洛齐(Palozzi)①在 2006 年通过实验研究美国的双语科教以及科罗拉多州选民的应用语言时,运用语言管理体系态度测量表(LPAS)来调查科罗拉多州的选民对于美国现行的语言管理体系的投票意向以及所持态度。该调查结果显示,大部分科罗拉多州的选民支持美国选用英语作为语言政策与国家应用语言。

最后,对语言管理形成的相关机制加以描述。这项意义是语言管理体系中最为重要的一项。斯波尔斯基分析研究出语言管理的三部分组成,并深入阐述了这三部分相互间的关联,对于语言研究学者专家了解语言管理机制的形成起到启发作用。斯波尔斯基提出:相同语言社区的人们对于得体语言实践的认知拥有一致的语言信念;在有些时候同一语言社区的人们将共同认知的一种语言形态意识达成共识,将共识的语言声望与价值应用在全部语言变体的方方面面。上述语言信仰全部来源于语言的实践过程,与此同时,语言信仰还对语言实践产生着巨大影响。语言信仰已经成为语言管理(语言规划)的根本,另外,语言规划体系能够修改或者保证语言信仰。上述论断将语言管理(语言规划)和语言意识的关联、语言实践与语言意识的关联分别进行了详细的解释。"当社会语言专家详细陈述语言实践时,或者教授将上述语言实践用作教学内容详细讲述时,语言实践就会变成语言规划的一个案例",并针对语言管理(语言规划)和语言实践进行规划时产生的关系形象加以描述。此时,可以了解到语言管理构建的管理机制:具有典型意义的语言管理(语言规划)以语言社区中的语言实践作为基础,通过语言意识的作用对语言实践产生影响,在此种模式下形成语言管理,主要包含政策管理模块、实践模块以及理论模块。可以用图 3-1来表示语言管理体系中三部分之间的关系。

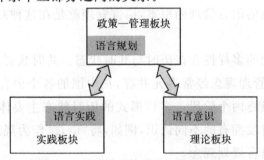

图 3-1　语言管理体系成分之间的关系

---

① PALOZZI V J. Assessing voter attitude toward language policy issues in the United States[J]. Language Policy,2006,5(1):15-39.

3.1.2 语言意识

语言意识主要是理论层面对语言管理（语言规划）的实施与出台建立产生影响。在形成语言管理的时候，理论模块中的语言意识作用影响语言管理，具体表现为意识导引。

1. 语言意识作用语言管理的途径

语言规划通过语言意识的作用形成与动态发展，然而实际上该种作用并非直接产生于作用的途径，而是一种间接的作用，也就是将语言意识作为基础先要形成明确的语言管理观念。语言管理观念将直接导引语言管理行为，并形成语言管理的基础理论。所以，理论模块的中心思想实际上即为语言管理观念。上述作用途径如图3-2所示。

图3-2　语言意识作用语言管理的途径

2. 语言管理观念

语言管理观念指的是语言管理领域中语言意识的具体化，是构成语言管理机制的第一要素。从语言管理的本质出发，可以认识到语言管理机制的形成主要包含：语言意识作为语言管理体系的上层思维，在语言管理理念中具体化成语言管理观念形成的导引理论，语言实践作为语言管理体系的下层实践，具体化成语言舆情形成的语言管理的根本，语言管理就是在这种双重约束条件下形成的。

语言管理观念的多样性存在历时与共时状态。共时状态主要体现在，在相同的时期中，语言管理观念经常多元并存，在中国的各个语言社区特别表现在语言发展规划的最终两个阶段。多样形式的历时状态主要体现在对于项目语言管理对象不同阶段拥有的不同认识，例如，将"语言"作为规划对象，不同的阶段会形成不同的语言规划观念。

语言规划观念多元性还体现在看待语言管理角度的差异。决定语言管理的根本性质为判定正确的语言规划对象，梳理分析语言管理的概念，大概能够将原有的语言管理观念划分成"规划语言的有关因素"和"规划语言本身"这两个大的类别。同时,还可依据语言管理的动机、目标以及功能等,划分各种类型语言管理观念。

掌握语言管理观念的多样性便于掌握语言规划的标准与内容,有利于分析和梳理现代语言管理变化的原因。

3.1.3　规划类型

1. 语言问题的规划观念

语言问题的规划观念指的是语言实践作为社会问题形成的语言管理观念。语言管理定义被塑造伊始,从社会的角度来看,语言主要用作社会人员交际的一种工具,所以语言有碍于实现交际作用与功能的方面均被视作语言问题,特别是多样性语言的分布,也是语言问题规划观念的源头。社会发展到现在,这种语言问题观念依然为问题主流,"将语言与使用语言时遇到的问题加以解决"依然是诸多国家制定语言法规、规定语言管理的动力源泉。将上文阐述的关于语言管理的定义重新加以分析,可以总结出其中 13 个语言管理定义将解决语言本身或者使用语言时遇到的问题作为语言管理的对象或者目标,例如鲁宾(Rubin)和智奈德① 1973 年提出"语言管理的首要任务即为解决语言存在的问题",1980 年,温斯坦(Weinstein)②将语言管理界定成"为解决人类的社会交际问题,在政府机构的授权之下开展的持续、长期的通过主观意识对语言自身或者语言的社会功能加以改变的不懈努力"。上述内容全部是从明确语言管理目标角度阐述的"语言问题观念";"语言管理指的是有组织、基于理论、系统、理性地对语言自身或者使用过程中遇到的问题进行的社会关注"。纽斯都普尼(Neustupny)③在 1989 年将语言自身和语言在使用过程中遇到的问题直接当成语言管理的对象。中国语言专家陈章太④、冯志伟⑤与胡壮麟⑥都发表了语言问

①　RUBIN J,JERNUDD B H. Can language be planned:sociolinguistic theory and practice for developing nations[J]. Modern Language Journal,1973,57(4):216.

②　WEINSTEIN,MILTON C. Health and the war on poverty:a ten-year appraisal. [J]. Medical Care,1980,18(1):658.

③　NEUSTUPNY J V. The Ingleson report and Japanese studies[J]. 1989,9(3):32 - 37.

④　陈章太. 说语言立法[J]. 语言文字应用,2002(4):19 - 24.

⑤　冯志伟. 论语言符号的八大特性[J]. 华文教学与研究,2007(1):37 - 50.

⑥　胡壮麟. 语言系统与功能[M]. 北京大学出版社,1990.

题观,这表明,语言管理的问题观占据了我国语言管理实践的重要位置。语言管理问题观的关键就是将语言的多样性当成一类语言问题,这种语言问题不仅影响了我国经济文化的快速发展、阻碍了人们的社会交际,更有甚者影响了国家内部安定团结。因此此类语言问题应当严加控制,从而降低由于多样性的语言而造成的社会群体的各种矛盾,并将其作为初期语言管理最为关键的目标。如若此种语言管理观念导引的语言地位管理是经过明确国家语言、国家官方交际语言的形式清除国家应用语言的多样性,语言本体的规划就是经过消灭相同语言体系的变异语言使用实现规范语言的目的,并且预防语言朝向多样性变化发展。例如,1983 年 Haugen[1] 在其著作中运用例证进行论述,并明确指出:与全部语言规划概念含义相同,语言管理指的是回答一个被部分特殊群体感应到的社会语言问题。以上阐述的例子的共通点是一个根本性的语言问题,就是怎样制衡语言的多样性与达到语言的统一性。

2. 语言资源的规划观念

语言资源的规划观念指的是语言被作为社会资源的一种观念而形成的语言管理观。鲁宾和智奈德[2]早在 1973 年就将语言视为一种社会资源,在发表的文章中指出语言是一种资源,并且提出语言运用的收益和成本可以根据日常商品或者资源的受益——成本方法来加以衡量。然而直到 20 世纪 80 年代的中期和后期,语言管理受到后现代主义思想的作用以及全球化经济的影响,语言属性中的资源属性方得到社会的认可。语言管理的初期主要针对语言自身的多样性,更加注重濒危语言与消亡语言,并且由于现代科技信息快速发展的要求以及处理语言信息的需求,社会逐渐意识到语言同样为一种具有多重属性的社会资源。同时,还需要关注语言的权利问题,反省原有语言管理中使用规定性语言导致的各种问题以及存在的弊端,提倡对语言使用权与选择权具备一定程度的尊重,特别是使用母语与教育语言的权利。1984 年,理查德(Rich-ard)[3]指出影响语言管理的三类取向(orientation):language as resource(语言

① HAUGEN E. Language planning in modern norway[J]. Scandinavian Studies,1961,33(2):68 - 81.

② RUBIN J,JERNUDD B H. Can language be planned:sociolinguistic theory and practice for developing nations[J]. Modern Language Journal,1973,57(4):216.

③ RICHARD RUÍZ Orientations in language planning[J]. Nabe the Journal for the National Association for Bilingual Education,1984,8(2):15 - 34.

作为资源）、language as right（语言作为权利）、language as problem（语言作为问题）就能够清楚地阐述语言权利观念与语言资源观念对于新型的语言规划观念造成的影响。20 世纪 80 年代,中国的语言专家曾明确指出开发研究语言资源,然而语言成为社会资源的经济性质并未引起语言学术界的强烈反响,一直到我国学者邱质朴①将语言作为资源的定义重新进行阐述。另外,直到 20 世纪 90 年代语言属性中的资源属性方才得到学术界的认可,从而提出语言资源的规划观念。与之相似,2008 年,语言专家李宇明②以世界各个国家的语言管理实践为基础,明确阐述了"现代社会人类遇到的三个重要语言话题",认为掌握语言权利、语言资源以及语言问题这三个重大问题,已经成为规划科学语言的先决条件,同样反映了语言管理的权力观与资源观在我国理论的发展。

笔者认为将语言作为一种社会资源极为重要,不仅为语言管理提供了将语言作为对象的根据,在过去对语言管理最大的诟病就是"语言能够进行管理吗",部分语言学者对此持有否定态度,认为语言文字作为一类逐渐改变的自发的语言系统,可以自主调解、适应社会发展需要,不应当并且没有必要人为地对其进行干预。但如若将语言视作为资源,作为国家的一种资源,语言就需要进行科学合理的规划。

3. 语言权利的规划观念

语言权利的规划观念指的是将语言作为权利的观念形成的语言规划观念。在语言三个重要取向里,语言作为资源与语言作为问题的价值观判断完全对立,不仅在认识语言的资源性与工具性方面对立,还在语言态度的积极性与消极性方面存在差异。然而这两个取向均会关系到语言的权利属性,需要解决社会存在的语言问题,具体例子为多语种国度确立官方语言,先要解决的就是对非官方语言社会群体语言权利的保护。在这选取教学语言为教学管理的核心内容,还需要保证母语的平等位置。我国语言学者徐大明③在 2013 年指出,我国少数民族在学习的过程中额外增加了学习主体语言的压力,如何适当调节额外压力,尽量保证竞争的公平公正,是一项重要的社会议题。规划语言资源的

---

① 邱质朴.礼貌语言与社会语言学(提纲)[J].江苏社会科学,1981(11):33-35.
② 李宇明.我国语言资源建设及应用问题研究(笔谈)——语言资源观及中国语言普查[J].郑州大学学报(哲学社会科学版),2008(1):5-7.
③ 徐大明.母语平等政策的政治经济效益[J].云南师范大学学报(哲学社会科学版),2013,45(6):1-6.

观念力主保持语言多样化发展,维护各个民族的语言,科学开发、配置语言资源,实现语言规划首先应当明确各种语言资源真正的归属。民族、个体以及国家等不同层次的语言社区拥有不同的语言能力,这也正是语言资源重要的组成。拥有语言能力的个体还拥有支配该语言资源的权利。由此可见,语言作为权利的观念在两种语言观念中得以贯穿。

语言的贯穿性还可以解释成语言作为权利的一种依附性质。语言的依附性质直接影响了此种语言去向的规划观念——语言权利观念还不是成熟、独立的语言管理观念。例如康格斯(Skutnabb-Kangas)[①]指出现今的语言权利依然未在人权声明中得到重视,现今发表的人权声明与教育条款进行绑定,可以最大限度地修改语言和选择语言。虽然现今没有任何语言规划的定义站在语言权利的角度,但是伴随对语言认识的逐步加深与社会对语言经济价值的认同,语言的权利将会得到关注。现在语言管理规划的权利观念重点集中在对少数民族语言的尊重、确认母语的权利与保证语言教育的权利等各个方面。这些能够从一些国家发表的文件或者宣言中获得证明,比如《世界言语权的宣言》[②]指出社会个体不得割让话语权;联合国教育科学文化组织颁布的《世界言语权利宪章》指出保护社会个体母语的权利,并将社会个体的语言权利视为其最基本的权利。现在全球有140个国家将语言问题编写到宪法中,其中25个国家编写的宪法内规定了母语的定义。部分国家还将母语的社会地位与母语权利明确进行规定:社会公民享有使用母语的个人权利,并且能够自由选取教育、创作、沟通以及训练使用的语言。

中国颁布的有关语言的法律法规从尊重少数民族相关语言权利的角度出发,宪法明确指出"所有民族都可以自由使用与发展本民族的语言";《中国民族自治区法律》提出"各民族自治区的机关单位需要保障本民族发展使用本民族语言的自由,并且持有改革或保留民族习惯与风俗的自由"。从2007年开始,我国规划的语言建设新时期就切实指出构建"文明语言生活",语言研究专家指出倡导语言生活的和谐从根本上表现了多样化的语言已经逐步适应社会发展,被广大人民群众认同,因此就提议将语言的权利与多元化的语言文化作为倡导语言生活和谐的根本。

---

① SKUTNABB-KANGAS T. Human rights and language wrongs:a future for diversity? [J]. Language Sciences,1998,20(1):5-27.

② 郭友旭.《世界语言权宣言》研究[J].云南大学学报(法学版),2016,29(6):2-11.

■3.2　我国语言规划路径

3.2.1　初步建设阶段（1949—1984 年）

1. 建立

此阶段的地位规划已基本实现，加之自上而下的语言规划情况，随后进行的工作大致上覆盖了本次语言规划的重要领域。此阶段的语言规划主要分为三个方面：宏观规划、中观规划以及微观规划，这三个方面为语言规划工作的拟定与实践奠定了一个良好的开端。截至目前，这一阶段被誉为中国语言规划发展历史中的"鼎盛时期"，也实至名归。新中国成立之后的十年中，语言规划取得了迅速的发展，其架构模式也越来越清晰，主要确立了三大任务，分别是：普通话的宣传与普及、简化字的实践与运用、《汉语拼音方案》的拟定与实施，同时还将"母语规范化"这一词汇作为本次语言规划的核心内容。

（1）宏观规划情况。

宏观规划主要是把信息总量和关键信息进行充分融合，不仅需要计算信息总量，还需要研究关键信息。

表 3 - 1　1949—1958 年语言规划情况相关数据

关键词	年份									
	1949	1950	1951	1952	1953	1954	1955	1956	1957	1958
语言	1	4	9	2	4	5	3	18	10	10
普通话	0	0	0	0	0	0	12	5	4	3
拼音	0	0	0	0	0	0	4	1	1	3
改革创新	0	0	0	0	0	0	8	13	7	19
汉字	0	0	0	0	0	0	0	12	19	21
规范化	0	0	0	0	0	0	6	0	0	0
规划情况	1	4	9	2	4	5	33	49	41	56

1955—1956 年我国才明确地提出了语言规划的内容，所以基本上是从

1955年开展规划情况年信息产量的计算工作。上述表格是根据《人民日报》的相关数据进行分析的,确立了主要的关键词"语言""汉字""改革创新""拼音""普通话""规范化"等词汇,通过输入这些关键词展开搜索工作,然后进行人工识别,将一些与语言规划不相关的内容剔除掉,便可得出《人民日报》在1949—1958年这十年期间关于语言规划的文章。

①从语言规划情况的总信息量分析,可以看出我国政府越来越关注语言规划问题以及语言规划工作;并且还可以得出以下结论:目前的语言环境局面非常乐观,全国各地纷纷对语言的规范运用加以重视。

②从信息的组织结构来分析,在《人民日报》的不同板块都有语言规划情况的介绍,不仅包含《合理利用母语,保护母语的纯洁与健康》《全面推进汉字改革工作,普及宣传普通话,实现母语的规范化》等内容,这些内容从一定程度上反映了我国母语规划观以及母语规划的中心任务;另外还包含:国家语委部门以及地方机构建立的语言文字信息、开展语言规划工作(例如普通话的宣传与普及)、考察少数民族的特色语言、借鉴并利用其他国家的相关语言政策、分析其他国家的语言运用情况以及研究专业的学术作品等,牵涉本次语言规划的多个层面,语言规划情况的时间线索与政策出台的时间完全相吻合。

(2)中观规划情况。

中观规划主要是将领域规划情况信息总量、内容和地域规划情况信息总量、内容进行充分融合,不仅需要考察各个领域的信息总量内容,还需要分析不同地域规划信息总量内容。《百年记事》一书的内容相当广泛,包括政治信息、经济生活、科学技术、文化知识、学术本书、军事外交等方面,针对此内容,可进行一个简单的数据分析,参见表3-2所示。

表3-2　1949—1965年领域规划情况的分析结果

版块	政治信息	经济生活	科学技术	文化知识	学术本书	军事	外交
信息总量	15	35	84	96	359	6	8

表3-2反映了1949—1965年所有领域和语言规划相关联的规划信息情况,其中的研究数据记载了不同版块和语言规划之间的内容分布。首先,"政治信息"包括政治领域和法律领域。①政治领域包括两方面的内容:一是语言组织部门人员的调动和升职、对国家公职人员进行的语言培训与检测工作等;二是涉及政治领域的语言文字及相关行为;②法律领域主要表现为立法与执法语

言、语言规划的行为方式。第二,在经济生活版块中,部分学者主要重视语言经济生活和语言生活服务等,但是表 3-2 中分析结果是根据工业与农业的生产生活、交通运输业、通信技术业的反馈数据实现公开发表。第三,科学技术主要对科学研究领域和教育行业进行资源整合,大部分内容来源于教育行业。第四,文化知识层面基本上是通过广播电视、报刊以及计算机网络等媒介被大众所熟知。第五,学术本书版块包含了一系列的学术活动以及本书发表资料等。第六,军事版块大致上是军事领域反作用于语言规划的信息内容。第七,外交版块与军事版块类似,都是该领域进行的信息反馈。

(3)微观规划情况。

微观规划也称地域规划,是指对各地区语言信息进行一系列的分析研究。微观规划情况如表 3-3 所示。

表 3-3 微观规划情况一览表

地域	北京	上海	天津	浙江	福建	广东	湖北	湖南	河北
信息总量	76	52	8	7	8	14	5	3	3
地域	广西	内蒙古	江西	青海	甘肃	贵州	台湾	香港	国外
信息总量	7	4	2	3	1	1	85	6	15

根据表 3-3 的分析数据可以了解到,语言规划工作不仅仅只有专门的语言工作人员参加一系列学术活动、从事教育工作等,各个地区也已纷纷重视并积极投入到语言规划工作中。从数据中可看出,北、上、广等一线城市响应国家政策的力度相当大,语言文字改革创新与规划的发展极为迅速。而一些落后的边远地区发展相对缓慢,如甘肃、贵州、河北、江西等省份,这也从另一个方面说明了语言规划仍然处于发展的初级阶段。

2. 停滞

新中国成立以后,语言规划一直处于发展阶段,但是 1966 年“文化大革命”的爆发,使语言规划工作被迫停止。在 1966—1976 年这十年中,文化产业受到了极大的打击,其间中国文字改革委员会这一组织部门被推翻,大部分语言文字工作者纷纷失业。在 1966 年前开展的一系列语言规划活动在发展的初期就被扼杀在摇篮里。“文革”结束后,在周恩来总理的带领下,部分语言规划工作才得以慢慢恢复与发展。

在 1966—1976 年"文革"时期,社会范围内有很大一部分的学者因为说错话而锒铛入狱,但是由于总体社会文化环境的失衡混乱,语言规划工作的停止,处于"文革"运动中的激进知识分子为了达到所谓的政治目标,对语言文字进行随意的篡改滥用,语言表达方式低下。这样一来,破坏了固有的语言生态体系。这十年"文化大革命"中出现的现象及弊端对之后的语言规划工作有着深刻的负面影响,当时的语言规划真实地反映出了语言破坏状况。

(1)宏观和中观规划情况。

表 3 - 4、表 3 - 5 是《人民日报》1966—1976 年语言规划情况与领域规划情况统计数据。

表 3 - 4   1966—1976 年语言规划情况信息一览表

关键词	年份											总量	年平均量
	1966	1967	1968	1969	1970	1971	1972	1973	1974	1975	1976		
语言	1	1	0	1	1	0	2	8	5	0	2	21	2
普通话	0	0	0	1	0	0	0	5	0	3	0	9	0.8
拼音	0	0	0	0	0	0	0	1	3	2	0	7	0.6
改革创新	0	0	0	0	0	0	0	0	0	0	1	1	0.1
汉字	0	0	0	0	0	0	0	2	1	1	1	5	0.5
规范化	0	0	0	0	0	0	6	0	0	0	0	0	0

表 3 - 5   1966—1976 年领域规划情况信息一览表

领域	政治信息	经济生活	科学技术	文化知识	学术本书	军事	外交
信息总量	1	3	8	8	19	1	3

(2)规划情况分析。

语言规划的组织机制在一定程度上决定了语言规划体系必须建立在语言规划观念与语言生活的基础上,以上统计数据体现了在历史的不同发展阶段,国家政府以及地方组织部门都欠缺语言规范的认识。由于该时期社会的大变革使得语言规划工作全部停止,文字改革部门被迫终止工作,相关的学术本书也暂且搁置,文化领域的大规模萧条直接反映在了语言规划情况上,《人民日报》在这十年中基本没有新的观点的提出。在 1973 年的报道中,大概有 8 条关于语言的内容,但是仔细浏览,会发现其中有一半的内容是在介绍非洲的文化与教育。从中可以分析出,当时的中国与非洲来往较为密切,但是以"语言"作为关键词进行搜索,所显示的信息中没有一条与国内语言规划有关的内容。

通过分析以上表格的统计数据可以发现,这十年间的语言规划意识与之前相比发生了弱化,各个地域、各个领域都忽略了语言社会活动。与此同时相对应地来看,我国台湾地区的语言规划并没有落下。如在《百年记事》一书中,"文革"时期中 90% 的记录都来源于台湾地区。在这 10 年里大陆地区仅仅有 19 条消息记录,与之前的信息数量相比,简直是天壤之别。在之前,各个地域语言文字的宣传普及相当活跃,教学工作也极为广泛,但是在"文革"时期基本上已经消失不见,在这期间仅仅有几个语言信息分布在上海市,语言表达不生动、缺乏活力。并且,由于"文化大革命"的爆发,语言社会秩序也越来越混乱,对汉字的运用越来越随意,出现了许多错别字、乱造新鲜词汇的现象,且越来越不重视拼音的读写。在这一时期,语言规划的发展降到了历史最低水平。

3. 重建

为确保发展阶段研究角度的一致性,在此仍以《人民日报》和《百年记事》作为基础资料,提供理论依据。

(1)宏观规划情况。

1977—1895 年宏观规划情况如表 3-6 所示。

表 3-6　1977—1895 年宏观规划情况一览表

关键词	年份									
	1977	1978	1979	1980	1981	1982	1983	1984	1985	总量
语言	4	9	3	5	10	15	20	9	11	86
普通话		1	3	0	0	10	1	7	5	27
拼音	1	3	1	0	0	3	3	2	0	13
改革创新	0	0	0	2	0	1	1	0	1	5
汉字	2	1	2	2	8	4	9	9	16	53
规范化	0	1	0	0	0	0	2	0	2	5
规划情况	7	15	9	9	18	33	36	27	35	189

通过对表3-6的分析,可以看到这一阶段宏观规划情况有以下特点:

①语言、文字一般规范情况信息大幅增加。此阶段中"语言"相关信息记录总数量已经达到了86篇,与第一个发展阶段相比,在数量上有了突飞猛进的变化,内容中包含了语言生活、教学工作以及各个领域的使用情况等。与以往相比,"改革创新""普通话""拼音"以及"规范化"这些选项的信息数量相应减少。此阶段和第一个发展阶段相比,正好相反,这种现象体现了语言规划体系的推动从关注局部语言规划向总体语言规划的过渡。

②宏观层面关注语言文字问题的角度更加多样化。例如,"文字"一栏选项总信息数量为53,除了将以往的文字进行简化外,还更加注重计算机系统的处理。在1985年,大概创新了16条信息,其中有11条信息都与汉字的编程代码相关,这些形式主要是将语言文字向标准化目标发展。

(2)中观规划情况。

表3-7、表3-8是1977—1985年地域、领域规范情况的统计数据。

表3-7 1977—1985年地域规范情况一览表

地域	北京	上海	天津	浙江	福建	广东	湖北	湖南	河北
信息总量	16	42	2	5	12	18	14	4	0
地域	广西	内蒙古	江西	青海	甘肃	贵州	台湾	香港	国外
信息总量	4	2	0	1	0	1	8	6	11

表3-8 1977—1985年领域规范情况一览表

版块	政治信息	经济生活	科学技术	文化知识	学术本书	军事	外交
信息总量	5	13	79	90	186	0	12

通过对表3-7和表3-8的分析可以看到,这一阶段中观规划情况有以下特点:

①文化艺术和科教领域的语言规范情况信息远多于其他领域。此阶段的经济生活版块主要集中在商业、包装以及邮电等领域内;外交版块基本上来源于组织团体的访问;军事领域的关注较少;文化知识、科学技术模块与语言规划的联系相当密切。例如,1979年,全国范围内纷纷开展普通话教学会议。

②学术、出版领域信息量激增。表3-8中显示,此阶段学术本书信息达到

186 条,展现出这一领域的活跃程度。除上述的分析数据以外,还有其他方面的组织机构进行推动,包括 1980 年成立了中国语言学学会,1981 年成立了中国音韵研究协会。此外,还有一些文献资料的整理,包括 1981 年的《语文研究》等。

③从地域来看,规划情况分布不均。发达的省份、城市发展迅速,规划信息记录相当完善,边远落后地区的信息量极低。上海、北京等一线城市的信息总数远远大于其他地区的信息量。特别是在上海,学术本书发表出现频率极高,主要源于社会风气以及社会发展程度。

④从具体领域来看,中文信息处理成为规划情况的焦点。这是由于计算机网络技术的全面覆盖,中文信息的处理更加得到了关注。汉字录入以及汉字编程代码的研究主题受到了不同领域的密切关注。例如在 1978 年,中国科技委员会与中国科技情报所在青岛开展了"全国汉字交流研讨会",参加会议的省份达到了 17 个,会议中所探讨的信息共有 54 条,汉字编程代码就占到了 43 条。

3.2.2　规范发展阶段(1986 年至今)

1. 初期

我国在实行改革开放后,在进行市场经济改革时开始了标准化与信息化的建设。社会经济水平的快速提升使我国的语言环境发生了较大的改变,人们的日常用语中新词汇的产生逐渐加快。随着人们交际范围的不断扩大、交际频率的提高,人们的交际活动变得个性突出、种类多样。交际活动的不断变化,对人们的说话方式与词语运用也产生了较大影响。另外,随着语言的不断发展,语言的含义也日趋多样化,影响语言的因素也越来越多,所以规范人们所使用的语言显得非常重要。现在语言的使用功能已经超出了最开始的交流功能,语言的使用功能越来越多,这就使得,为了能够更好地使用语言,对语言要有一个标准化的定义,以方便统一使用。目前,电子信息技术保持在高速发展,一些电子专业术语与网络化语言越来越多地进入人们的日常生活用语中,电子技术在改变人们生活条件的同时,也在改变着人们的语言环境。世界正处于信息化发展浪潮中,电子信息技术的发展,电子网络与物联网已经极大地改变了人们的日常生活与工作方式,人们能够利用计算机分析处理信息,阅读电子化的书籍和信息文件,对报刊和书籍资料进行电子化排版,对公司的生产活动实行网络化管理,通过计算机设备辅助办公等,这些功能实现的基础就是首先要完成语言的信息化与标准化。

(1)宏观语言规划情况。

对语言的宏观规划方式与中观规划方式的分析方法,都是运用量化统计与数据分析相结合的方式,结合具体事例对语言的规划情况进行分析。例如利用《人民日报》的数据信息检索系统,若对以"信息化"为标题的文章进行筛选,可以找出以"信息化"为标题的全部文章,并在结果中获得以"信息化"为标题的文章。"信息化"在1984年第一次出现,在这个时间段内,有两篇与"信息化"相关的文章发表,一个是关于日本的电话电报行业准备开展信息化建设,另一个是对世界上一些新技术的特点进行介绍。这两篇文章都是讨论信息化建设的相关状态。此外,1984—2005年总共有348条关于信息化建设的文章,由此可见,"信息化"是这段时期内世界新技术的一种发展潮流,人们对"信息化"的关注度较高,信息化建设成为这一时期的热点。《人民日报》的语言规划情况信息汇总(1986—1996年)如表3-9所示。

表3-9 《人民日报》的语言规划情况信息表(1986—1996年)

关键词	年份											合计	年平均数
	1986	1987	1988	1989	1990	1991	1992	1993	1994	1995	1996		
语言	18	15	10	14	15	13	16	14	11	14	22	162	14.7
汉字	15	18	18	8	12	22	20	13	11	8	7	152	13.8
汉字改革	8	0	0	1	0	1	3	0	0	0	0	16	1.9
普通话	8	4	1	3	3	2	13	8	9	7	17	75	6.6
汉语拼音	1	1	2	0	1	1	0	0	0	0	0	6	0.5
汉语标准化	2	0	1	1	1	4	1	0	2	0	4	16	1.5
年度总规划情况	52	38	32	27	33	43	53	45	31	33	46	438	39.9

参照表3-9语言规划情况统计表的各项统计信息,对宏观规划情况进行分析,可以得出:第一,我国逐渐提高了对汉语、汉字的重视程度。相比1976—1985年这十年,1986—1995年我国的汉语规划方面的文章发表量大幅增加,关于汉语的文章年平均发表总量,从1976—1985年的10.3条迅速增加到1986—1995年的39.9条。"语言"和"汉字"的文章标题数量在1976—1985年这十年的年平均量分别是8.8条与5.2条,1986—1995年为14.7条与13.8条,几乎

翻了一番。此外，对语言规划情况的介绍范围也越来越广，不仅仅局限于对汉语的规划情况的介绍，更增加了对世界上其他一些国家语言的规划情况的介绍。1986—1995 年，《人民日报》关于语言方面的报道总共有 162 条，其中对国外语言情况的报道数量为 31 条，重点是对外国语言与政治之间的关系进行了报道。如匈牙利的"语言美"活动、比利时因为语言问题导致内阁下台、加拿大就语言问题发生争论、立陶宛法律规定其官方语言等，都涉及语言与政治之间的关系，从这些报道中也能看出这些国家的一些语言规划情况。我国对语言规划情况的相关报道，还非常重视语言的文字及其应用，包括汉字教学、制定汉字标准、日常用字、计算机软件汉化、版面设计、字体设计、汉语言理论等多个方面。《人民日报》对汉字的相关报道总共有 152 条，对汉字输入方式、汉字编码、计算机软件汉化方面的报道占到了约 60%，多达 94 条，表现出我国对汉字应用的重视程度。由此可见，我国对汉字的规划情况处于进步状态。第二，以往的语言规划情况标题大量减少。从表 3-9 中的信息可知，关于"汉字改革""汉语拼音""汉语标准化"的报道数量减少较多，表明我国语言规划的工作重心已经发生了转移。虽然与"汉字改革""汉语拼音""汉语标准化"的相关报道数量都有所减少，但是这三个标题的减少原因还是有一定的区别。例如，"汉字改革"的报道减少的原因是"二简字"被废止，汉字是我国的法定文字，对国家的稳定运行与发展都具有重大影响。所以对于文字规划的工作重心就不是进行文字改革，而是对现有的汉字进行整理、研究，发展我国汉字标准化理论，让我国的汉字规划发展更加全面。关于"汉语拼音"标题报道量减少的原因是，我国的汉语拼音理论已经经过长时间的发展，理论已经较为成熟，现在对于汉语拼音的主要工作已经不是发展新理论，而是扩大汉语拼音的使用范围。近年来，随着我国对汉语拼音的大力推广，不断强化汉语拼音的教学，使得汉语拼音在我国的使用已经普及化。关于"汉语标准化"报道量减少的原因，与"汉语拼音"的情况较为类似，"汉语标准化"也是经过多年发展的标题，对其的关注度降低。第三，语言规划的发展形势表明了我国的语言规划政策。通过《人民日报》发表的文章，我国语言规划的观点也得以体现，这就是对我国语言的规划要纯洁。《人民日报》发表了大量关于文明用语的文章，包括"纯洁语言的巡逻兵""大力净化我国语言环境""建设文明用语环境""全社会共建语言文明""再说语言的文明与健康"等。这些文章主要是针对一些语言乱象，净化语言环境，提倡语言文明，在全社会形成共建文明语言新风潮。一些语言学者也提出，净化语言环境对语言的健康发展具有很大的帮助。

（2）中观语言规划情况。

对中观语言规划情况的分析，可以从"领域"与"地域"两个方面进行数据统计。领域数据统计主要包含社会上发生的影响较大的语言案例、社会语言活动、我国语言规划情况、语言政策反响。以整体语言规划情况为主，结合具体内容进行简要分类，根据分类对各项数据进行统计，并对1986—1995年中观语言规划情况进行分析，可以得出：第一，我国改革开放后，语言得到了全面的发展，其中"文学艺术""科学教育""学术理论"三个方面的报道量增长很快，反映了我国的语言规划向着多角度、全方位发展。在文化艺术方面，各地方都会举办关于普通话、听写、书法等各类比赛，大力推广我国语言的标准化建设。各个地方电视台也经常举办普通话比赛，电视台播出电视的字幕要求杜绝错别字。另外，还有地方通过加强对学生的语文教育力度等方式，提高语言标准化的普及水平，规范普通话发音与文字书写，促进我国语言的标准化发展。第二，与国外一些语言研究机构进行深入交流。随着我国开放程度的加大，人们日常用词中的舶来语也越来越多，我国语言研究机构与国外的一些语言研究机构的交流越来越频繁，交流内容也越来越具体，这种交流学习有力地促进了我国语言标准化的建设。1986—1995年，我国关于与国外语言研究机构进行语言交流的报道增长迅速，多达60余条。与外国学者共同探讨关于语言的问题，有利于我国语言在世界上进行推广。中观语言规划情况在对地域统计进行分析时，主要对我国香港、澳门两个地域的语言情况进行考察，对这两个地区发展普通话的经验办法进行了总结。以香港为例进行说明，香港在回归前一直没有使用普通话，但在该关键性的阶段便已经开始加强普通话的学习与宣传，使很多民众了解了普通话。香港回归后，在不破坏香港原有语言环境的同时，顺应我国语言规划要求，对普通话进行推广，使我国的语言标准化建设具有地方特色。第三，对不同领域的语言应用增加语言的关注点。完善我国的语言系统是语言规划的主要目的，可以促进语言的应用与人们语言能力的提高。对语言规划情况信息进行分析发现，语言的规划情况结合不同的领域具有较多的关注点。比如在文化领域，主要是注重对语言的标准化建设。在电子信息领域，主要是关注文字编码与汉化等。同时，教育领域较为关注国家语言规划政策的变化。在我国教育领域，关于语言规划的主要工作是推广普通话与汉语拼音、提高人们的语言能力。所以，各个学校根据我国语言规划政策对语言的教学内容进行了调整，如举办普通话测试、开展正确书写活动、书法评比活动、纠正错别字活动等，有效地提高了我国人民的语言标准化普及程度，有力地推进了我国的语言标准化建设。

2. 后期

在全球化浪潮中，我国与世界其他各国的交往日益频繁，语言环境也变得越来越复杂，影响语言发展的因素也在不断增多。为了适应新的环境，新的语言词汇与词语意思不断生成，语言多样化的特点越来越明显。在这种情况下，为了使我国语言健康发展，可以从以下两方面着手：第一，要及时了解语言环境的新变化，把握好整体的语言规划；第二，要完善以往语言规划的制定方式，在肯定原有语言规划工作成绩的同时，及时改进语言规划的理念，调整语言规划的工作方式。我国制定语言规划的部门在 1997 年制定了新的语言规划工作方向，并于 1998 年开始对我国的语言文字进行摸底调查，全方位了解我国语言的总体情况，其中包括方言、普通话、使用其他语言的人口数量等因素。详细了解了我国语言工作情况，为我国语言规划的制定提供了大量的数据资料。在这一阶段，我国学者重点对城市的语言工作进行考核，大力发展城市的语言文明建设。2000 年，我国颁布了《语言法》，这是第一次对语言立法，在我国的语言规划工作中具有里程碑意义，从此我国的语言规划工作真正实现了法制化与制度化。

我国语言规划工作的关注点日趋朝着国际化发展。受到经济全球化影响，语言已经不再是一个国家内部的事情，而是逐渐演变成一个国家的象征，代表着国家的核心竞争力，各个国家都想将自己国家的语言在世界上进行推广，以扩大自身的影响力，使得语言的竞争越来越激烈，语言问题也受到了越来越多的国家的关注。我国学者为了更好地开展语言规划工作，必须要对宏观的世界语言情况进行充分了解。20 世纪 90 年代，互联网革命开始，我国也开始了互联网的建设高潮，经过多年发展，互联网已经进入千家万户，很大程度上改变了人们原有的交流方式，对人们语言环境的影响较大，随着网民的迅速增加，网络语言也随之兴起。但是网络语言对语言的健康发展有利有弊，我国在制定语言规划时，提出要对网络语言进行规范，净化网络语言环境。我国语言规划工作的关注点容易受到社会事件的影响，且语言总是随着社会的发展而发展。对社会上发生的重大事件进行舆论引导，可以有效地增强我国的语言规划能力。随着全球化的不断发展，传统的语言分界被打破，语言权利逐渐与国家政治关系紧密，一个国家的语言规划往往与国家的政治立场有很大关系，对国家外交与国家安全也会产生重大影响。我国的语言规划工作历来重视对语言环境的净化，提倡文明地使用语言，也是我国语言规划工作的基本精神，在我国新的发展时期,还是要坚定语言规划的纯洁理念。另外,随着我国社会的不断进步,我国的语言规划也出了新标准,即"和谐"与"优美"两个语言规划新理念。

语言和文字是人们进行交流的主要交流方式,是人类文明的载体。语言的发展需要不同国家的人们不断相互交流来实现。现代的语言已经不单单只有交流功能,还对国家外交、国家政治安全有着重要影响,也是国家的文化标志与国家的核心竞争力。同时,语言亦为国家实力的主要衡量标志之一。语言在国家发展中的作用越来越重要,使得语言规划工作也越来越重要。近年来,我国与俄罗斯、德国、法国等国家频繁地举办语言年活动,加深了我国与这些国家政治互信与民间交流,有力地促进了国家间的经济与文化合作。我国不断通过举办语言年等活动积累国际语言规划工作的经验,找出最合适的语言规划工作方式,以推进汉语与汉字在国际上的综合影响力与竞争力。

3.3 当前语言规划趋势

3.3.1 母语规划观

母语是指社会个体自幼采用的语言,也能够代表本民族文化特色的一种交流工具。母语规划观是指社会对母语所进行的有组织的管理方式和规划理论。在之前的语言规划理论中,主要是确立统一的官方语言以及运用一致的语言文字,克服语言文字的多样化。语言规划是站在整个国家以及民族的层次高度来进行检验,其管理模式是从上到下、依次进行。母语本身所具备的功能性、相关性两大特征,加之母语对内部和外部均起到关键作用,这两方面的内容从一定程度上给予了语言规划管理一个全新的视野。针对当前语言规划的时代背景与管理目的,人们一致认为:在语言规划的组建领域,战略实行领域以及处理语言难题方面,母语具备着独特的作用与价值。

1. 母语规划观有利于维护国家安全

母语规划观与祖国的安全息息相关,密不可分。由于全球经济政治一体化,人口实现了跨国流动,网络信息技术的迅速发展以及民族恐怖主义的泛滥等因素,在一定程度上对世界各国的国家安全产生了冲击,其中,语言安全和文化安全两方面最为突出。下面逐一分析语言安全与文化安全。

(1)母语规划观有利于语言安全。

20 世纪 90 年代后,随着全球化势力对人类社会影响层面的扩张,导致了一系列的语言安全难题,其中包含语言组织架构与语言生机。在经济全球化的发展过程中,美国、德国等发达国家占有明显的优势地位。以美国为例,作为目前世界上的头号强国,美国政府部门试图在政治领域、经济领域、文化领域对发展中国家进行远程操控。从文化领域展开分析,英语作为美国的母语,如今已渗入到世界各国的教学工作以及生活领域,在不同程度上破坏了其他国家语言文化体系的平衡,尤其是对母语的打击,一定程度上影响了母语的名望,破坏了固有的语言组织框架,在引进英语的同时也使得社会公民的母语水平下降,最终导致了母语危机这一现象。例如纳米比亚人在接触外来语言后,便逐渐地抛弃了母语,不再为说母语而感到骄傲。另外,全球化发展背景下,弱势语言(弱势语言主要包含土著语言以及少数民族语言)在进行转化的过程中渐渐衰落,大部分弱势语言慢慢地失去活力和生机,甚至有些已经处于濒临灭绝的地步。发达国家与发展中国家的对比越来越显著,形成了强国越来越强、弱国越来越弱的尴尬局面。国内一些少数民族语言受到外来语言以及国内标准语言的双重打击,少数民族的语言也逐渐衰落,维护与发展少数民族语言已经刻不容缓。因此,社会需要高度关注母语,在语言规划过程中必须着重提高母语的核心位置与自身价值,这将有利于实现语言安全的稳定。

(2)母语规划观有利于文化安全。

从功能上进行划分,语言规划可分为器械性规划和文化性规划。因为一些社会因素和历史因素,如今的语言规划基本上采取器械性规划,充分描绘了"民族特有语言"与"国家标准语言"在国家经济政治发展发展中的良好前景,具有十分重要的作用。但是另一方面,严重忽视了文化性规划的建设工作,导致母语地位的衰落,影响了文化安全。所以,必须将器械性规划与文化性规划有机组合,重新定义母语规划观。

目前形势下,人们越来越意识到维护好全球语言平衡的必要性,也认识到必须保持全球语言的多样化,这在一定程度上有利于保护文化遗产、丰富世界文化、促进健康发展。正是由于民族语言的存在才实现了全球语言的多样化,而文化多样化的首要条件就是语言多样化。所以,保护与发展母语是当前世界面对的重要课题。2001 年 2 月 21 日,联合国设立了世界母语日,并且相继提出了《文化多样性宣言》《普及网络空间使用多种语言的建议》,进而要求世界各国实施必要的举措以达到维护文化多样化的目的。目前,俄罗斯,阿富汗以及匈牙利等国家已经出台了明确的法律文件,并在宪法中进行了补充,实行这一措施的根本目的是为了保护语言安全。

2. 母语规划观有助于统摄语言规划系统

语言规划系统包括四种组织形态,分别是语言地位、语言个体、语言名望以及语言习惯。但是需要将这四者进行整合,这就意味着语言思想层次必须相一致,并且设计出相同的语言规划体系。就语言地域分析,全球化战略已经破坏了传统的语言地域分界线:社会公用语言文字刻下了很深的媒体时代印记。所以,经过时间的沉淀,各个地域的语言生态环境极为复杂,需要学者贯彻执行母语规划观点,并且随着时代发展进行更新,进而从根本上提升规划能力。母语规划观可以转变语言规划的视野,从社会整体向社会个体进行过渡,实现语言规划和社会生活、社会公民的直接挂钩。这是语言规划观最重要的意义。

如上所述,以往的语言规划是站在整个国家以及民族的层次高度来进行检验,其管理模式是从上到下依次进行,"社会整体"观点是指站在宏观的角度来确定的语言规划观点,针对国家实际需求来确立的语言规划观点。"社会整体"这一观点具有显著的优点,即实施方法相对简单,可以明确该时间段的难题与矛盾;但同样也存在着很多缺点,主要表现为:社会个体体会不到这种观点与自身的联系,妨碍了语言标准的实施,不利于实现语言的多样化以及语言与文化的交互。

这样,母语规划观念增加了"社会个体"这一新型观点,新型的母语规划观是指语言规划观点以社会个体为基础条件、其战略目标不变的一种观点。"社会个体"是站在微观的角度,先从社会个体入手,然后到达社会整体的高度。这种观点同样是根据国家的实际需求建立,并且针对大部分社会个体的语言运用能力、社会生活而设计的一种语言规划观点。这种新型的语言规划观点弥补了传统观点的不足,其优点为"化零为整",运用"母语"这一基本定义提升了对规划观点的认可及规划能力。

3.3.2　服务规划观

语言规划观点中已经产生了服务规划观的萌芽,但是由于自主意识不强烈,缺乏必要的理论基础和社会实践,服务规划观并未成为语言规划观的核心内容。所以,学者必须确定服务宗旨,才能使"服务规划观"上升为核心的观点。

1. 为社会发展提供基础服务

人们已经对语言有了更加深刻的了解,语言不仅仅是文化传播、信息交流的一种媒介,还是一套强有力的革命装备、一个丰富的资源库、国家发展的工具。语言规划最重要的任务就是为政府提供安全保护、促进经济发展、弘扬特色文化、提高科学技术等。这就表明,为了满足所有方面的基本需要,语言规划观不仅规范了语言文字,还在语言应用与测试评价方面进行了一系列补充。语言文字在规范的同时,还需要考虑其他因素,即怎样适应行业发展的需要,开展具有针对意义的研究工作,最终完成国家的发展战略。

2. 契合自媒体时代语言服务发展

当今社会处于一个信息化时代,加之自媒体时代的公用语言特点,这些要素从根本上决定了语言规划观的核心内容发生了改变。因此,新型的语言规划观点也随之发生了改变,其中一个重大改变就是语言规划原则已经从"从俗从理"原则向"从易处理"原则过渡,以此来满足自媒体时代的基本要求。另外,如果这一语言规划观的出发点仅仅是管理方向与目标,则很难被自媒体平台所接受认可。所以,必须进行身份的改变,以服务视野为其出发点,实现语言规划的最终目标。进入 21 世纪以来,伴随着网络电商行业的发展、语言地域的复杂性以及奥林匹克运动会等大型运动的开展,社会语言的服务要求越来越高,语言消费项目与服务也随之增加。例如国外游客来我国旅游、参加贸易论坛,需要专业的翻译人士进行讲解工作,语言服务行业随之诞生。

3. 在语言规划实践中落实"服务观"

语言地位和语言习惯在整个系统中有着重要作用,语言规划观需要明确语言规划的语言习惯和语言标准,这些方面也是语言规划实施的重要依据。从规划内容与实际操作来看,语言规范观包含了两种规范形式:政策性与应用性规范。所以服务观必须在语言规划观念中得到体现。

(1)语言规划制定:动态更新内容。

第一,必须树立语言服务理念,针对社会生活模式,调整语言规划观的具体内容,在保证语言规范模式稳定的基础下,推陈出新,及时对规划内容进行调整。第二,划分不同的板块,以此来合理地确定出不同的服务功能,包括语言规范性、工业标准化、给予完善的质量体系。语言规范性可以顺应科技发展的方向,给予专门的语言文字服务和国家政府的支持,进而全面确保语言文字模式平稳有序的发展。

(2)语言规划施行:语言服务纳入语委工作日程。

这里所说的语言规划具体环节,主要表现形式是语言服务观,语言服务这一观念最有效的方法就是为语言地域给予一定程度的公用语言、实行有效合理的监督工作。将其纳入专门的语言规划组织,即国家语委会与地方语委会。

由于语言社会生活的变革以及语言规划观念的改变,组织部门工作的核心内容也发生着相应的改变。在不同的发展阶段,国家语委、地方语委的基本工作就是推普和社会文字规范管理,其中推普工作包括普通话的推广普及以及 PSC。发展到一定阶段时,必须将"语言服务"这一项作为日常管理的重要内容,不仅需要给予包括政策培训、咨询与检测在内的专门的语言服务,还需要进行实时监督指导工作。

第4章

汉语国际推广的动因、现状及国际经验

▎4.1　汉语国际推广的动因

汉语国际推广的动因主要包括顺应全球化的经济发展和提升国际社会交流深度。特别是在"一带一路"倡议背景下,汉语推广是顺势之举,更是应势之需。语言通则民心通,民心通则带路通。文化交融、经贸互通的全球化背景下,语言是入手之处。汉语有可能、有需求被传播到世界其他国家和地区。

4.1.1　顺应全球化的经济发展

中国实行改革开放以来,在经济增长方面取得了巨大的成就。改革开放40年,中国 GDP 的年平均增长率高达 9.5%,经济的不断增长使中国的综合国力逐渐提高。随着经济全球化的逐渐加深,中国与国际上一些主要国家的贸易额增长迅速,推动了中国对外贸易稳定发展。中国经济的高速增长对世界经济的增长贡献很大,中国的经济地位也在逐渐提升。数据显示,改革开放之初,在1978 年,中国的出口总额为 97.5 亿美元,进口总额为 108.9 亿美元,进出口总额为 206.4 亿美元。而到 2018 年时,中国的出口总额为 2.48 万亿美元,进口总额为 2.14 万亿美元,进出口总额为 4.62 万亿美元,经过 40 年的高速发展,中国的对外贸易额大幅增长,2017 年时中国的进出口总额排名世界第一,中国的对外贸易依存度也大幅上升,在 2019 年上半年达到 32.5%,表明中国与世界的经济合作越来越紧密。中国经济的高速发展有力地带动了世界经济的增长,犹如一支"强心剂",让世界经济焕发活力,为世界经济的稳定增长做出了巨大贡献。世界银行对世界各国对世界经济发展的贡献度进行了统计,权威数据表明,按照购买力计算,中国经济对世界经济发展的贡献率在2019年上半年已近30%,超过美国居世界第一位。中国贸易对世界贸易发展的贡献率是4.7%,继美国、日本之后排名第三位。在中国加入世贸组织后,制造业等产业发展迅猛,现在中国已经成为"世界工厂",在某些制造业领域,中国的产品数量与价格方面占有巨大的市场优势,并成为国际贸易第一大国。

随着中国经济实力的稳步提升,中国在世界上的影响与地位也在不断提高,特别是在一些安全性事务中发挥着越来越重要的作用。实际情况表明,中国经济的高速发展急需积极的市场开拓,以及与世界各国经济合作关系的加强。世界经济的增长也离不开中国经济发展提供的强大动力,中国经济与世界经济已经成为相辅相成的合作关系,相互之间的经济依存度还在不断地提高,这使得中国在经济发展中与其他国家之间的交流会越来越频繁。随之,与其他国家的合作领域也会逐渐扩大,不仅仅只是经济合作,还会积极开展政治合作、科技合作、文化合作等诸多领域的合作,与合作国家建立更加紧密的合作关系,更好地顺应合作共赢的世界各国发展需求。这些频繁的与世界各个国家进行的合作与交流,使越来越多国家的人民了解了中国的汉语和文字,很多国家还掀起了"汉语热"的学习浪潮,这也对中国的汉语、汉字的推广提出了更高的要求。在世界经济体系中,中国高速发展演变为"世界市场"以及"世界工厂",不只是对中国进行研究的政界以及同中国进行生意往来的商界对汉语的学习具备一定的需求,同时国际上诸多学生与家长以及整个国际教育界都对学习汉语有迫切的需求。全世界在大学中设立汉语学习课程的国家和地区急剧增多,不仅如此,大量民办机构以及中小学也都加入了开设汉语学习课程的行列。根据相关调查,截至2014年3月,全世界汉语学习者的总人数已超过1亿。截至2017年,孔子学院总部已累计在全球130个国家和地区设立1100个汉语水平考试(HSK)考点,2017年全年各类汉语考试考生人数达到650万,年龄段涵盖小学生到退休老人。

在全球化发展不断加快的今天,世界各国的经济竞争已经日趋白热化,越来越多的国家开始重视语言与文字等国家文化实力的提升,各国语言已经不单单只是传统意义上的交流作用,而是越来越多地成为国家标志与国家文化实力的象征。社会的和谐稳定是经济发展的必要前提,建立和谐稳定的社会需要语言与文化建设,这也是各个国家积极推动文化建设的主要目的。中国具有非常悠久的历史,是世界四大文明古国之一,具有很好的文化历史积淀。中国是一个多民族国家,疆域中生活着五十六个民族,每个民族都有自己独特的生活方式和语言文化,各个民族的传统文化共同构成了中国的传统文化,这些非常宝贵的传统文化也是世界文化的一部分,与当今其他文化共同构成了世界文化。中国传统文化是人类传统文化的重要构成,可以提高世界传统文化的多样性。中国传统文化的发展有助于世界的平衡发展,而中国传统文化的主要载体就是汉语。所以,推广汉语传播,可以有效地促进世界的均衡发展、建设和谐社会,也符合全人类的共同利益。中国也需要更加积极地推动汉语的推广工作,以汉语作为重要的传统文化载体,推广中国的传统文化,提升中国传统文化在世界上的影响力。中国还需要增加开放程度,积极参与国际事务,不断扩大中国传统文化的影响范围,展现世界文化的多样性。

中国为了满足自身的发展需要,也必须加强对汉语的推广力度。推广汉语不仅可以有效地提高中国在世界的政治地位与影响力,还能够提升本国的经济发展水平,并且可以传播中国的传统文化,让世界更多地了解中国、了解中国传统文化。前文对语言的收益进行了分析,总结出语言的推广与国家经济发展是相互促进的,国家经济提升可以促进国家间交流,帮助提高语言的影响力,进一步助力语言的推广。语言的推广也可以使国家在外交领域、文化领域、科学技术领域、经济贸易领域取得均衡发展,提高国家在经济活动中的优势地位,辅助国家经济的进一步发展。语言推广的作用具有综合性、前瞻性、基础性,能够有效、持续地推动国家经济的发展。中国的法定官方语言是汉语,是中国对国外发布各种信息的主要语言,汉语在世界上的影响力越大,就说明中国在世界上的政治经济地位越高,中国在国家间关系中能够发挥的作用也越大。汉语是中国传统文化对外传播的重要载体,中国经济发展水平想要进一步提升,就必须重视汉语的推广工作,不断提高汉语在世界各国中的影响力。

事实表明,世界的和平与稳定有助于我国与世界各国的发展,与周边国家建立友好的外交关系,与其他国家建立平等互信的合作关系,共同发展、营造和睦友善的发展环境是我国的一贯主张。稳定的国际环境是我国持续高速发展的必要条件之一,稳定的国际环境也有利于世界其他国家的发展,我国一直在坚持不懈地努力营造和平的国际环境,并且在维护世界和平方面发挥着重要的作用。为了争取稳定的国际形势,我国一方面不断加强国防水平、科学技术、经济发展等"国家硬实力",另一方面更加重视语言、文化等"国家软实力"的建设,让世界上更多的国家了解我国的传统文化、喜爱我国的传统文化。汉语推广对提高我国"国家软实力"具有非常重要的作用,并且汉语作为我国的法定语言,是我国传统文化的重要载体,对于世界文化的贡献十分显著。

4.1.2　提升国际社会交流深度

实行改革开放政策后,中国的社会与经济发展取得了巨大的成就,经过几十年的高速发展,中国已经成为仅次于美国的第二大经济体,具有广阔的市场空间。我国的投资市场越来越多地成为各个大型公司关注的热点市场。作为一个人口大国,中国市场具有非常大的潜力,发展前景十分广阔,许多投资公司十分看好中国市场的发展前景,对中国市场的投资意向较高。中国是制造业大国,商品市场经过多年的高速发展,市场体量已经十分巨大,并且市场活跃度较高,所以中国的商品市场受到了许多国外公司的关注。中国作为联合国安全理事会常任理事国和地区性大国,具有一定的国际地位,在国际外交与国际关系方面具有一定的影响力,国际上许多国家愿意同中国建立良好的合作关系,希望在文化教育、科学技术与经济等多领域开展合作,加强同中国的交流,所以这些国家的公民想更多地了解中国、了解中国的传统文化与中国的发展变化。因为汉语是中国传统文化的重要载体,想要了解中国传统文化就必须有一定的汉语基础,为此,在世界上的许多国家都掀起了学习汉语的热潮。世界上很多国家都纷纷开始重视汉语教育,很多国外公司都将汉语水平纳入了部分岗位的考核指标中,越来越多的国外教育机构开办了汉语教学课程,外国人学习汉语的人数呈现爆发式增长。中国必须顺应时代的发展潮流,加大推广汉语的力度,满足世界各国对汉语学习的需求,其中最有效的方式就是利用教育机构开设汉语教育和汉语培训等服务产品。

随着我国与世界各国的贸易额的不断增长,我国与世界各国的交流也日益频繁,导致世界各国的汉语需求大大增加,掀起了学习汉语的热潮。学习汉语的人数近年来上升明显,经过我国权威机构统计,目前世界各个国家中通过不同渠道开始学习汉语的总人数高达3000多万人。有160万学习汉语的外国人在东南亚地区,其中大部分为学生,学习汉语的学生达到了130万人,占比达到了81.25%,另外一部分是通过社会教育机构学习汉语,大约有20多万人。在邻国日本,学习汉语的总人数为200多万。1998年,美国学习汉语的学生不足3万人,2002年时达到34153人,五年的时间增长了大约五分之一。而在邻国韩国,长期学习汉语的总人数大约30万人,还有通过短期汉语培训的人数约为100万。并且,国外的汉语培训学校数量也出现较快增长,将汉语教学纳入学科的国外学校也越来越多。到目前为止,全世界有100多个国家的2500所大学开设了汉语课程,在东南亚的各个国家也有很多学校开设了汉语课程,其中大学开设汉语课程的学校有 102 所,中、小学开设汉语课程的学校大约有 2500 所,还有多达 500 多所的汉语培训机构也开展汉语培训。汉语已经成为美国语言类学科学习人数增长最为迅速的语种,全美开设汉语课程的大学大约有 800 所,开设汉语课程的中、小学大约有 200 所,还有越来越多的学校申请开设汉语课程。截至 2015 年,全球 343 所孔子学院的课程已纳入所在大学的学分或专业体系。在邻国日本,几乎全部的大学都开设有汉语课程,汉语也是日本中学生高考时的参选外语科目之一。在邻国韩国,一共有大学 300 余所,开设汉语课程的学校占到大学总数的将近三分之二,在韩国国内,有超过一百家的汉语培训机构组织汉语培训。在澳大利亚,总共有 38 所大学,其中开设汉语课程的大学达到了 27 所。在欧洲各国,也有很多国家的大学都开设了汉语教学课程。例如德国,开设汉语课程的大学有 41 所,开设汉语教学的中学有 70 多所,并且中文已经是德国高中的会考考试科目。英国也制定了汉语教育课程大纲。法国对汉语教学也非常重视,在积极推行双语教学实验的同时,还设置了国家级的汉语等级考试,汉语等级考试的报考人数也在逐年上升。1996 年参加汉语等级考试的人数是大约 2.1 万人,2000 年报考人数增长到了大约 4 万人,2004 年报考人数增长到了 10 万人。现在已经有 34 个国家开始汉语等级考试,报考人数累计大约 55 万人次,报考人数增长速率越来越高。

语言是人类进行交流的纽带,推广语言就是让世界上不同的文明相互交流、彼此了解。目前,全世界的汉语学习需求空前高涨,但是中国的汉语推广工作还相对滞后。汉语承载着中国悠久历史的传承,是世界上为数不多的传承悠久历史的文明古国语言,是世界文化中的瑰宝,在推广汉语的工作中,中国责无旁贷。"一带一路"及全球化发展是汉语推广的难得良机,中国可以借助这一机遇,推广汉语以及中国传统文化,为中国的经济增长提供强劲的动力。

■4.2　汉语国际推广的现状

随着中国经济水平突飞猛进的提高,综合国力上升的趋势相当明显,随之中文的国际地位也越来越突出,学习和使用需求不断增加。例如,日本、美国、韩国等国家,已经把汉语课程纳入各国的教学计划内,并且还专门拟定了汉语教学提纲,甚至有些国家在高考科目中加入了汉语课程,各类汉语学习机构不断出现,迅速发展。据相关数据统计,全球范围内大约有 3000 万的国外友人学习汉语,已经有 100 个国家、2500 个学校陆续设立了汉语课程。美国大概有 2500 个学校明确提出了设立汉语课程的想法;早在 2004—2007 年,印度尼西亚已经有 8039 个学校设立了汉语课程;韩国官方则表示即将全面设立中文课程。

4.2.1　设置国外的推广机构

分析当今时代的教育发展现状,得到了几条重要结论,即国外的汉语推广机构大致上可以划分成三种。

1. 国家直接管理的中、小学以及高等院校

这类学校一般都是由国家财政拨款建设、财政补助学生学习经费的学校,如今这些学校已经把汉语课程纳入了基本课程之内。例如,截至目前,法国已经有近 200 所中小学开设了中文课程;与 20 年代 50 年代相比,学习汉语的人数上升了 70 倍,达到了 7631 人次;12 所高等院校专门设立了中文专业,专业人数达到了 6000 余人。截至 2018 年 9 月,在“一带一路”沿线国家中,53 个国家已经设立了 144 所孔子学院和 134 个中、小学孔子课堂。多年来,中国向“一带一路”沿线国家先后派出中方汉语教师 3.4 万人,培养、培训各国本土教师 6 万多人次。

2. 中文教育的专业组织

这类组织主要的参与主体是学校的汉语老师以及华侨。例如,美国成立的国际汉语教师协会、全美中小学中文教师协会、全美中文学校协会等;2000 年 6 月,在莫斯科大学亚非学院组织进行了俄罗斯汉语教学交流会,并且在俄罗斯境内的两座大型城市内均设有汉语中心机构;2015 年 2 月 16 日,欧洲汉语教学协会在巴黎正式宣布成立,法国、德国、英国、意大利、瑞士、西班牙、匈牙利、芬兰等国都参与了本次会议。

3. 非学历性质的培训组织

这类组织不属于教育部的直接管理范畴,基本上是对社会资源进行整合后设立的组织机构,例如国外的业余学校、职业技术学校以及语言类学校。美国民间有一所汉语学校——华夏中文学校,该学校创始于 20 世纪 90 年代,是一所非营利性质的培训组织,之后也陆续设立了多个中文分校,拥有的学生人数

高达 16 万；德国也开设了大约 32 所业余培训学校；泰国还专门设立了东方大学孔子学院，与国内温州的两所大学进行联合办学；法国也陆续开办了多所业余的中文培训机构。

4.2.2　开设国内对外汉语教学

在新中国成立初期，国内很多的高等院校就已经开展了一系列的对外教学活动，历时 70 年之久，对外教学不仅在教学规模上取得了较大进步，还在教育质量上有了一个明显的提高。1950 年，清华大学专门成立了对外教学组织，这是中国首次成立的组织机构，具有非常重要的作用。随后的数年里，多个高等院校也纷纷对外开放，截至目前，我国有 1000 多所高等院校已获得教育部的批准可以接收留学生。从一定程度上来说，高等院校在对外教学方面起了至关重要的作用，是中国对外教学活动的重要组成部分，获取对外汉语教师资格证的人员也呈现非常快速的增长。

研究如今的对外汉语教学途径，大致上分为三个方向：来华留学、国际中文交流、驻外中文组织。

1. 来华留学

来华留学是当前中国对外教学使用最为广泛的方式，与其他两种教学途径相比，它的产生时间最早，规模也较大，培训学生的数量最大。数据显示，2017 年共有来自 204 个国家和地区的各类留学人员在全国 31 个省、自治区、直辖市的 935 所高等院校学习，其中硕士和博士研究生共计约 7.58 万人，比 2016 年增加 18.62％。"一带一路"沿线国家留学生 31.72 万人，占总人数的 64.85％，增幅达 11.58％，高于各国平均增速。从来华留学情况看，"一带一路"沿线国家成为来华留学增长点。在中国国际留学生的前 15 名来源国家中，有 10 个国家均为"一带一路"沿线国家。在来华留学生人数增长最快的韩国、泰国、印度、巴基斯坦、印度尼西亚和老挝这些国家中，泰国、印度、巴基斯坦、印度尼西亚和老挝都属于"一带一路"沿线国家，来华留学生增幅的平均值超过 20％。2018 年，来华留学生人数近 50 万，共有来自 196 个国家和地区的 492185 名各类外国留学人员，分布在全国 31 个省（区、市）的 1004 所高等院校。

2. 国际中文交流

国际中文交流是当前中国对外教学使用频率最高的方式,基本上是由高等院校与教育部、外交部联合举办的一种教学活动。具有涉及领域面较广的特征,比如学术探讨工作、文化交流、短期中文培训、输出中文教师资源以及教育志愿服务者等。当前国际中文交流活动主要有来华学术探讨活动与输出中文交流活动,前者主要采用了"引进来"的教学模式,而后者主要采用了"走出去"的发展战略。

3. 驻外中文组织

伴随着中国高等院校对外教学工作的不断深入,有一部分院校尝试开设驻外教学组织。比如,兰州大学与哈萨克斯坦大学进行了联合办学,主要是由兰州大学给予一定的师资和设备,然后占用哈萨克斯坦的教室进行教学。这样做的目的是为了提高当地汉语教学能力,培养当地教师以及相关人才,并使该地区成为汉语教学基地。

4.2.3   政府职能部门的推广

中国政府部门十分关注对外教学工作。1950 年,清华大学就已经设立了交流生中文学习班,从此拉开了对外教学的帷幕,紧接着教育部、原文化部(现为文化和旅游部)等都把对外教学当作本机构工作的重要内容,纷纷在部门内部推行对外教学的相关活动。为了进一步控制和协调对外教学活动,1987 年,教育部、财政部、发改委、原文化部、外交部等 11 个部门设立了专门的对外教学小组。国家汉语国际推广领导小组办公室(又被称为"国家汉办")是中国教育部下属的事业单位,主要是为了对各个国家给予汉语的教学资本和服务,其主要职能是汉语的对外教学和国际推广。随后国家管理部门开展了丰富的活动,使其成为中国对外教学的最高领导组织以及最主要的推广组织。同一时间,国务院侨务办公室(又被称为"国务院侨办")以及原文化部等依然坚持自身的特色理念,通过建立华侨教学基地与汉语交流中心等进行汉语教学推广,发挥了积极的作用。

1. 国家汉办

国家汉语国际推广领导小组办公室,是国家汉语国际管理部门的常设公职部门,是正司局级下属的事业单位,依附于中华人民共和国教育部。国家汉语国际推广领导小组办公室与孔子学院进行联合办公。1987 年 7 月下旬,经国务院批准成立国家汉语国际推广领导小组,自此该组织开展了一系列汉语的对外教学和传播活动,对汉语的推广起到了重要的、积极的作用。

(1)加强师资队伍的建设工作。

为了达到此目的,先后开展了"中文教师来华资助"活动、"中文教师志愿者规划"活动以及"输出国内师资"活动,积极开展对汉语教师的培训活动,进而使师资素质水平得以提升。

(2)加快中文教材的升级。

针对国外中文教材落后的现象,国家汉办必须加快对中文教材的编写与升级,加强与国外学校的联系,加大对中文教材的宣传力度,实行相关的优惠政策。近年来,国家汉办已经完成 51 个语种中的 48 个语种主干汉语教材的开发,同时开发本土化语言、文化工具书 529 种。

(3)加强教育基地的建设工作。

需要有针对性地对周边国家的教学加以扶持,东南亚、日本、韩国等国家与中国距离较近,是汉语教学主要的推广宣传阵地。为了进一步加强这些国家的中文教学活动,国家汉办专门建立了相关项目来支持这些国家的汉语教学,委托附近的省份专门负责这些国家的对外汉语工作。例如,山东大学主要负责韩国与蒙古的汉语教学工作。

(4)建立汉语文化教学中心以及特色项目。

例如,美国的 AP 中文项目、国际汉语水平测试、孔子学院等。截至目前,在海外的汉语文化教学各类机构中,中国累计赠售图书、音像、文化用品等教学资源 450 万册(件)。每年的大、中、小学生来华夏令营活动参与学生多,效果好。自 2010 年起开设的"驻华外交使节汉语学习班",已共有 294 名"一带一路"沿线国家驻华使节参加,包括波兰、摩尔多瓦、孟加拉等国的驻华大使。

2. 国务院侨办

国务院侨务办公室主要研究拟定侨务工作的方针、政策、法规并负责监督检查贯彻执行情况,调查研究国内外侨情和侨务工作情况,向党中央、国务院提供侨务信息以及制定侨务工作的发展规划等,其服务对象为海外同胞。华文教育是其重要组成部分,国务院侨办采取了相应策略来支持华文教育。

（1）建立教育基地。

在海外，主要通过加强与媒体之间的联系来促进其交流，主要是通过赠送图书、输出优秀师资等途径加以促进；在国内，拥有"国务院侨办直属高校"，包括暨南大学、华侨大学。

（2）华文教育基金会。

2004年9月份开设了华文教育基金会，由国务院侨办直接担任，并且设立了"中华文化之旅""华文教育卡通工程"等一系列特色项目，提高师资水平、教学质量并组织编写符合孩童认知心理的融合卡通、动漫的汉语教材等。

（3）开展夏令营活动。

以"中国寻根之旅"为主题，帮助海外华侨学生学习汉语，掌握中国的历史文化，加强海外同胞与国内的交流。

（4）组建华文教育研讨会。

这也是国务院侨办开展的一个重要工作，截止到现在，已经组建了四届研讨会。

3. 文化和旅游部

文化和旅游部是中国文化行政的最高机构，是国务院的职能部门，在国务院领导下管理全国文化艺术事业。文化和旅游部是国务院负责文化、艺术事业的组成部门，是中国成立最早的政府部门之一。文化和旅游部统筹规划国内的文化产业及各种文化活动的开展，同时指导和管理文化对外交流，推动中华文化走出去。首先，它支持着各国各地区的中国文化中心。文化中心所有的活动都在文化和旅游部的管理范围之内，主要是开展研讨会、文艺表演、播放影音资料等活动，其中最重要的是汉语教学。1988年，原文化部就已经在毛里求斯与贝宁之间建立了文化中心，截至目前，很多国家和地区都建立了文化中心。其次，它还是中国对外文化交流协会的支持部门。1986年7月份，该协会成立，它是由原文化部进行控制的非营利性的组织机构。该组织加深了各国人民的认识，促进了其友谊，具有深远的意义。最后，它是中国文化联谊会。该组织于1987年正式成立，该组织会长、副会长同样也是原文化部的高层领导，主要宗旨为：团结两岸同胞，促进文化交流，弘扬发展传统文化。

4. 教育部及其附属机构

教育部是国务院主管教育事业和语言文字工作的国务院组成部门，在整个对外教学中占有绝对的领导地位。在1987年国家汉语国际推广领导小组未成立之前,教育部不仅是对外汉语教学的制定者,同样也是对外汉语教学的管理者,即便是在国家汉语国际推广领导小组成立之后,其下属机构——国家汉办仍然对其进行直接的管理和控制。并且,来华留学生的奖学金、来华教师、对外汉语教学工作等都来源于下属的国际合作与交流司。

国家留学基金会是教育部的一个下属机构,该机构享有管理留学基金与使用留学基金的功能,是目前留学奖学金的主要资助与管理部门。该组织部门有一个重要的工作内容,即为海外留学生以及学者提供不同类别的奖学金鼓励,进而资助他们在中国的学校或机构更好地开展相应的学习与研究工作。除此之外,还有海外留学中心以及国际交流协会等组织机构,鉴于以上组织机构不属于对外汉语教学的直接管理范畴内,在此不进行详细的描述。

4.2.4　汉语在全球的推广状况

亚洲人学习汉语具有特殊的历史因素。中国文化对韩国与日本等国家的文化在形成与发展上具有深远影响。因大量的华人与华侨存在于东南地区,其又对中国的传统文化进行了完全的继承,不仅使用中国文化习俗,还书写中国汉字,说汉语方言。随着中国经济稳定、持续发展,其他国家同中国进行的贸易往来促使了人员流动的加剧。基于进行交流的主要工具就是语言,所以其他国家对中国进行了解的途径就变成了学习汉语。截至 2003 年,韩国设立的中学汉语课程学校多达 120 所,设立的汉语专业院校更是从 113 所增加到了 200 多所,并且民间性质的汉语教学机构也有 100 多个。在华留学的韩国学生人数已达到 4 万,占到了在华留学生总人数的一半。据统计,已有 200 万日本人在进行汉语学习。早在 2004 年,日本书部科学省就已经首次承认了中文学校中的高中学历,更是标志着不需要检测大学入学资格,毕业生便能够直接进行入学考试。除英语之外,韩国与日本的第二大外语便是汉语。2004—2010 年,印尼教育机构已使该国将近 9000 所中学将汉语课程逐步开设起来。在泰国,目前开设汉语的大中小学已达 3000 多所,在校学习汉语的人数达到 100 多万,汉语已经成为仅次于英语的第二大外语,越来越多学生把留学目的地从欧美转向中国。2019 年 2 月,沙特阿拉伯宣布,将汉语纳入沙特王国所有教育阶段的课程之中,以使该国教育更具多元性。沙特计划先培训汉语教师并准备相关教材,将汉语作为高中第二外语课程。对国际推广汉语需求量最多的就是亚洲国家。

汉语推广向来不是单向流淌的河流,而是促进中国和其他国家交流合作的桥梁。随着 2013 年"一带一路"倡议的提出和发展,在中亚国家和地区,汉语作为一种技能,更多地体现为人力资源的一部分,汉语的语言技能日益意味着更多的机会和选择。在中亚地区,孔子学院与当地的中资企业合作,不断在探求优化汉语教学质量与培养对口专业人才相结合的途径,这对培养企业本土化员工、促进企业在本土良性运作和发展有着非常深远的意义。汉语教学机构和中亚各国的合作平台极大地释放了中国与中亚各国之间发展交流的强大动力。

在澳大利亚,汉语教育因《国家语言政策》有了一定的地位。之后随着诸多政府文件的出现,如《澳大利亚发展语言潜势:汉语卷》为汉语教学提供了资源;《研究中文要略》为中文教育绘制了蓝图;《高等全国中学汉语大纲》为汉语进行测试制定了大纲。澳大利亚对中文教育的认知通过以上政府文件得到了充分的展现。整个欧洲将近 20 所大学设立了汉学系,108 所院校在学前班就设立了汉语兴趣班,50 多所学校设立了研究中国问题专业以及汉语言专业。其中,法国对汉语的学习热情较其他国家高出许多,甚至法国的教育部门要求并批准了中小学设立汉语教学的规定,已有 1.6 万人对该课程进行了选修,法国大学已经有 15 所院校设立了中文系,法国教育部为确保汉语的教学质量,于 2006 年设置了汉语总督学职位,用来对汉语教学工作进行协调。2016 年 9 月,英国政府宣布正式启动中文教学项目"中文培优项目"(MEP),支持英格兰中学汉语教学。

在非洲,早在 2005 年已有 16 个国家在大约 120 所院校中设立了汉语教学专业,有超过 8000 人进行了汉语学习。即使非洲具有少量的华人、华侨,然而其创办学校,传播中国文化,已然变成了整个非洲进行汉语学习的主要群体。根据调查,南非在 2006 年初已有 10 万人进行了汉语学习,南非政府计划在 2022 年之前在 500 所学校引入汉语教学。埃及已经把中学第二外语设定为汉语,到 2019 年底,埃及已有 17 所高校开展汉语教学,超过 5000 名在校生学习汉语。

在南美洲,智利、秘鲁、阿根廷以及巴西等也在大学课程中逐步加入了汉语教学文化,其主要是想对中国的文化历史以及习惯风俗进行学习。自亚洲开始,直到美洲、非洲、欧洲以及大洋洲,各个国家对于汉语的要求都迫使本国在汉语的国际推广上必须进行改革,才能达到汉语学习的国际化需求。基于该种需求如此迫切,我国应积极对这些国家进行帮助,促使这些国家能够比较迅速、健康地把汉语教学壮大起来。从另外的角度来讲,此行为更是一种对国际文明、国际文化的特殊服务,是一种贡献,具体来讲就是为国际友谊与沟通提供特殊服务,为世界进行多元化文明做出具体贡献。

但是,不可否认的是,现在的汉语国际推广仍旧处在起步环节,仍然有诸多的地方需要进行具体的完善。在"汉语热"和"中国热"的背后,虽然语言服务机构迅速增长,但是地域分布依旧不均衡,很多国家的居民学校学习汉语依旧没有很好的途径,中国的绝大多数孔子学院都建设在了欧美日等发达国家或地区,以及泰国、越南等紧邻国家,而中东、非洲等"一带一路"沿线的小语种国家孔子学院建设依旧不足,很多当地居民学习汉语的主要途径就是通过当地的中国工作人员学习日常汉语,很难接受系统化的学习,没有科学的语言教学体系,语言学习效果不佳。且语言的学习不仅仅是会说、会写,还应该有文化的传承,例如使用筷子、吃饺子、贴春联、贴"福"字等具有鲜明中国特色的文化标志,都无法通过工作人员系统地带入"一带一路"沿线国家,这也是当地人民想与中国沟通,希望中国帮助他们改变落后面貌的重要方式。

综上所述,汉语国际推广在整体上的发展前景十分可观。然而,推广中的实际状况却不容忽视,汉语国际推广的实践还依然呈现出起步时的状态,仍旧有诸多的问题需要立即进行处理。比方说:汉语国际推广体制以及思路不够明确;汉语国际推广的机构所具有的资质还需要进一步规范;教材质量不高、数量不足;教育人员的质量以及数量达不到具体实际状况的需求;等等。将我国文化以及语言向国际进行推广已成为各国人民与政府共同的意识与心愿,同时该行为不仅成为国际上的共识,得到各国的认同与接受,而且也充分体现了语言推广在具体实践上的成效。为使我国的语言能够逐步推广到国际,使我国语言在国际上占据一席之地,各个相关国家既要把推广语言任务在大外交宣传以及大外交战略中进行明确定位,还要积极制定完整的语言推广制度,使语言推广机构形成灵活多样的模式,并确保投入的资金量相对充足,从而形成一个比较坚实、完善的推广语言支撑系统。

■4.3　主要语言国际推广的经验

为了进行横向对比,吸收世界其他主要语言在国际推广中的经验,在这一部分中,本书详细考察英语、法语、德语、日语及西班牙语在国际推广中的政策、具体实施、推广机构及理念等方面的情况。

4.3.1　英语的国际推广

数据结果显示,全世界范围内 70 多个国家的官方用语是英语,全球大约有25％的人能够熟练地掌握和运用英语。经官方研究发现,2015 年学习英语的人数已经超过了 20 亿,英语被广泛地运用于报刊书籍、交通运输、体育竞赛、电视广告等领域。美国著名学家 Kachru B 将英语的使用领域划分成三个同心圆,包括核心圆、外圆以及拓展圆。首先是核心圆,是指把英语当作母语的国家,其中包含英国、美国、南非、巴哈马等,使用人数已经超过 3 亿;其次是外圆,是指把英语当作本民族第二语言的国家,其中包含英国殖民领地、印度、新加坡以及马来西亚等,使用人数在 1.5 亿~3 亿这个区间范围内;最后是拓展圆,是指把英语当作外来语言的国家,其中包含中国、日本,俄罗斯等,使用人数达到了 4 亿~9 亿。

1. 英语的语言国际推广政策与策略

英语的语言国际推广政策与策略制定有着悠久的历史,在两个文件中可以充分体现出来:

第一个文件为 1954 年英国发表的《Drogheda 报告》,官方政府还为其提供了财务方面的支持。该文件主要是对英语的拓展规划展开了一系列调查工作,其认为宣传与拓展工作需要达到 3 个目标,分别是实行外交政策、维护英国联邦政府、保护国内贸易与国外资本。该文件在一定程度上对语言国际推广以及语言国际推广的相关利益进行了肯定,在英国语言发展历史中扮演着重要角色,该文件的发表充分证明了英国官方政府高度重视语言国际推广政策与策略,已将其纳入国家的发展战略中。另外,英国当局通过文化宣传部门进行语言国际推广,该部门工作与对外政策的联系相当紧密,对英的政治、经济发展产生了积极作用。

第二个文件为 1956 年英国发表的《对外教学指导委员会》,这个文件进一步促进了语言国际推广策略的实施。该组织人员大多数来源于英国的教育部、外交部、联邦事务部以及经济贸易部等重要部门。该文件指出:英国具有很大的发展潜力,在今后的国际推广政策下,很多国家将会把英语当作首要外来语言;并且还需要组织海外教师的培训工作,为其提供专业的知识储备;另外,必须提高 BBC 公司的业务能力,扩大其活动范围。在这之后,英国政府加大了资金的投入力度,为语言国际推广活动制订了一系列方案,例如:在海外学校建立培训机构;在海外市场进行图书销售以及对 BBC 公司的语言节目进行传播;等等。所有的方案都是为了使英语成为海外国家的首要外来语言,该文件的发表进一步推动了英语宣传工作。不仅如此,英国当局还组织了两次对外教学计划会议。第一次会议于 1960 年底召开,主办单位为文化宣传部门,会议主要围绕着

"英语对外教学研究"这一课题;第二次会议于 1961 年召开,参与方为英联邦多个国家,确立了对外教学的基本准则。为了语言国际推广活动能够更好地开展,必须完善相应的配套组织。针对此种情况,英国官方专门设立了语言国际推广组织,例如文化委员会、BBC 公司以及各种教育组织等,下面着重分析文化委员会。

2. 主要语言国际推广组织:文化委员会

文化委员会于 1934 年成立,成立初期被称为"国家关系委员会",1936 年被更名为"文化委员会",1940 年得到英国官方认可,至今历时 85 年之久,组织规模进一步扩大。现如今,该组织在全世界范围内设立了 270 多家分支以及 145 个教育机构,共雇佣了将近 7300 名员工,教师占比大约 25%,早在 2003—2004 年,共有 110 多个国家、约 200 个城市,都设立了专门的办事处。教学机构发展到 126 个,学习人数超过 50 万人次,发行了 700 多万种书籍,组织了 100 多万个职业技术测试。

(1)使命与宗旨。

该文化委员会是一个非营利性质的组织机构,其宗旨是开发海外语言教学、加强海外对英国传统文化的认识。随着该组织的不断发展以及外交推动,该组织逐渐转变为官方组织。该组织的总体目标为:加强民主观念意识;加深对教学质量、学习范围的认可;加深国外市场人们对英国的认识。

(2)主要活动。

正是由于世界政治、经济一体化的发展以及文化委员会的转型,该组织成为英国当局的第四种对外关系,即文化外交领域,其他三种关系分别是政治领域,经济领域以及军事领域。具体而言,其主要活动分为以下几个层面:与其他国家进行战略合作项目;加强与其他国家的组织合作,为其改革出谋划策;深入交流英国文化与科技;在其他国家推广实施教学规划,设立教育中心,组织技能测试;给予无偿的对外英语咨询。

(3)价值(成果)衡量标准。

文化委员会是英国官方专门成立的对外国际推广机构,该组织机构设立的主要目的是为了使其他国家加深对英国的认识,从而加强国家之间的联系,终极目标是为了提高英国在国际上的战略地位。根据这一指导理念,文化委员会主要从 5 个不同的方面进行衡量:英国必须被全世界认为能够达到自身需求;英国所取得的战略成果与创新理念必须被人们认同;文化委员会这一媒介必须发挥有效作用,拓宽人们的视野;人们必须认可英国是一个有发展前途的国家;

必须加强与其他国家的高品质联系。运用细致准确的标准,进一步衡量文化委员会的重要贡献以及实施结果。例如:将文化委员会当作桥梁,英国学校与海外学校加深联系,以此衡量该组织机构是否拓宽了人们的视野。

4.3.2　法语的国际推广

17 世纪 90 年代的法国不仅是欧洲,甚至是国际的文化与精神中心,法语具备了辉煌的历史,是经过艺术、古典文艺熏陶的语言,更是提倡人权、自由与进步的贵族语言。也是诸如非洲组织及联合国等国际机构的通用语言。目前国际上有约 8000 万人视法语为母语,且使用法语的人数将近 2.5 亿。然而基于国际英语的影响,20 世纪 20 年代初法语在外交、文化等各个领域的地位开始下滑,甚至使用法语的国家在 1998 年由 31 个下降为 25 个,在国际语言地位上英语早已取代了法语。

1. 法语的国际推广政策

法国不管是面对现在的低谷,还是之前的辉煌,一直把国际推广法语看得十分重要,并努力维持国际语言中法语的地位。国际推广法语的方式分为:以文化多元性为前提进行国际推广,对法语是现代化信息、职业技能、文化知识的重要手段进行强调,与各国在教育以及文化上进行积极合作。具体内容为:

(1)法语多样性文化语言活动得到国际推广。

法国提倡保持多样性的文化运动。倡导实现人权、民主与和平的有效形式就是"文化间的多元性对话",多元性文化形成的主要成分就是语言多样性。甚至对文化间建立平等对话,对文化多元性的主要支撑就是法语做出重点强调。为《文化多元性宣言》被联合国教育机构批准起到了积极的推动作用。

(2)大力国际推广法语的吸引性。

政府加大对法国学院以及文化的开放与宣传力度,利用增加奖学金的形式对各国留学生进行吸引,把语言是知识文化传播的手段进行重点强调。重点对行政、司法、法律等领域的知识进行培训,使法语国际影响力进一步扩大,在网上设立法国大学,对法语网站及多媒体项目进行资助,从而对网络资源的影响进一步提高。

(3)改进法语在国际机构中的语言地位。

法国十分看重地区性组织以及国际组织对法语进行国际推广的影响。确保法语在奥运会、欧盟以及联合国等国际活动与组织上的使用地位,同时还要在欧盟地区以及法语国家对双语教学进行积极国际推广,促使该地区低龄化外语教学工作顺利开展,使法语在具体的选修率上得到提升,加大法语对该地区的重要影响。

2. 法语联盟是法语国际推广的主要机构

由法国政府批准且以传播法国文化与传授语法为宗旨的法语联盟机构,具备非营利性质。"在国外或者殖民地对法语语言联盟进行弘扬"作为其前身,在1883 年的巴黎由保罗·康班提倡并成立,第二年正式成立了以法语对外教学为根本的"法语联盟"。现在已有 1140 个法语联盟的机构分支设立在了 138 个国家和地区中,已有 5.3 万人在亚洲的 69 所法语中心进行培训。该机构不仅具备独立的法人资格,而且受到当地法律的管辖,在法语国际推广中起到了巨大作用。

(1)宗旨与使命。

法语联盟的宗旨与使命主要是对法国文化进行弘扬,对法语进行传播。法语联盟中对宗旨与使命做出了明确指示:将法语传播到全世界,使法国精神以及思想范围得到扩大,促使热爱法国的民众以及海外法国人能够生活得更加团结,使其推崇法语的热情能够继续保持。

(2)主要活动。

国际法语联盟的主体是巴黎法语联盟,主要内容为对申请组织提供的各分支机构章程进行审查并负责,对其是否具备"法语联盟"称号进行决策,并对其进行监督;为对外法语教师进行培训;进行文化艺术活动与法语教学工作等。因所在国以及规模的限制,一部分机构只能展开文化艺术组织活动,一部分只能对法语课程进行教学。

4.3.3　德语的国际推广

纵观德国文化的发展历程,其对文化国际推广政策的规范化与有序化十分重视。德国于 1975 年开始三次编制了相关的官方文件,为文化国际推广政策的实施提供了保障。随后 1994 年文化政策机制的启动使得对外文化更加规范化、可持续化、透明化。德国于 1975 年出台的三份文件,使德国的文化国际推广政策得以延续,其内容就是把文化国际推广政策的根本任务设定为德语的国际推广,然而,三份文件在政策领域角度所持观点各有不同,1975 年的文件对语言文化的传播给予了高度重视,而之后的两份文件政策更注重国际文化教育合作,认为预防冲突、确保和平的重要手段就是文化交流。在具体含义上,自2001 年开始,对外文化教学制度取代了对外文化政策。随着 21 世纪的到来,德国把大量的资本投入到科技教育中,甚至在国际上加大了该领域的合作,比方说职业教育、海外学校、科研交流以及高校交流等。2001 年时,德国联邦外交部利用对外文化国际推广教育司取代了文化司。而且,此时的对外文化政策同教育政策开始交替使用。

基于国际社会以及全球化进程需应对的困难,德国政府把科学、教育以及文化的国际合作当成世界范围内民众之间进行交流的主要方式。使学习跨文化的能力、学习外语以及文化的交流得以提升。德国新政府自 2013 年开始把对外文化教学制度的位置提升到了全新的高度,在对外政策的领域中,对外文化教学政策依旧占据第三支柱的位置。

对外文化教育基于参与机制多元化,从而展现出了社会的独立性与多样性。联邦政府利用战略主导原则为文化的对外教育以及国际推广制定了框架标准,德国文化对外教育项目通过中介文化机构实施,并在项目制定与计划等任务上提供了充分的行动范围,海外文化中介组织的行动与工作会通过德国驻外大使馆展开协助,因而会促使对外文化国际推广任务的一致性与趋同性在一定程度上得以展现。由于对外文化教育领域逐渐扩大,进行国际推广行动的主体日益加大,驻外代表机构对其进行协调的重要性变得愈加强烈。站在对德国语言以及文化进行传播的角度,德国的私人或是公共合作关系便具备了多层次性质。德国联邦外交部在进行对外文化政策国际推广时,具体实施的主要合伙人包括德国之声、德国对外关系组织、教育交流中心、德国海外学院中心、歌德学院以及学术交流中心等机构。

纵观德国对外文化政策,德语国际推广不仅是其实施对外文化政策的主要任务,而且还是主要的实施方式与具体途径。利用多机构、多领域以及多层面的合作方式,将内容广泛、形式多样的德语进行国际推广,不但能够使德语进行传播,还能使德国文化得到夯实。站在政治的角度,德语的国际推广不仅能够使国家的负面形象彻底消除,提高国际形象,还能使其他国家同德国的合作得到进一步提升;站在经济角度,德语的国际推广更加顺应了发展对外经济的主要趋势与要求。纵观整个欧洲,德语的国际推广不但使德国周边环境趋势逐渐良好,同欧洲各国的伙伴关系得以提升,而且使德语的位置在欧洲变得更加稳定。因此,对德国而言,对外德语教育对其文化、经济以及政治的作用相当重要。

4.3.4　日语的国际推广

20 年代初开始，日本就开始对日语进行了有组织的普及与国际推广。二战结束之后，利用赠送资料图书、给予经济援助、派遣日语教师等形式，把日语推广到海外，并取得了良好的成效。截至目前，中国外语教学中除英语之外，日语已经位居第二。与此同时，不仅已有 9.5 万的外国人在日本进行了日语学习，而且还有 210 多万人在国外进行日语学习，其目的更是多样化。

1. 国际推广日本语言的政策

日本于 20 世纪 20 年代初便大力倡导把日本语言国际推广并普及到全世界。日本学者在二战期间为附和日本政府也做出了一些言论，于当时的朝鲜与中国台湾等而言，国际推广日本语言的政策就是使语言达到同化状态。

战败后，基于国际状况，日语对外教学的政策进行了改革。对外日语教学在 1945 年之后转变为了语言政策。国际交流基金于 1972 年正式设立，是日本援助海外日语教学开始的重要标志。日本对战争中的遗孤与印度支那难民在 20 世纪 80 年代进行了日语教育。20 世纪 90 年代学习日语已普及到了南美国家的日裔中。因此日本对外日语教学政策在 20 世纪 80 年代之前是以"内外"相互辅助为主。

2. 国际交流基金是日本语言进行国际推广的主要机构

作为隶属于日本外务省的具有独特性质的机构，国际交流基金在 1972 年 10 月 2 日正式成立。具体背景为：随着外国文化同日本的交流在 20 世纪 60 年代逐渐壮大起来，因此日本政府认为具备实力强大且资金规模雄厚的机构十分重要。设置国际推广机构的宗旨为：主要利用派遣并培养日语教育专家、研究教学法等形式对语言文化进行传播与国际推广，促使各国同日本之间进行互相交流。主要活动包括：日本国际交流基金是其文化进行交流的主要机构，交流活动领域涉及生活文化、艺术、日语教育以及学术等。利用国际文化交流对人员进行招聘与派遣；交换、收集、制作同各国进行文化交流的相关资料等。

4.3.5　西班牙语的国际推广

作为联合国工作用语之一的西班牙语被 23 个国家当成母语、21 个国家当成官方语言。不仅拉美及非洲使用西班牙语,菲律宾的大量居民也把其作为母语。有 4 亿多人使用西班牙语,其已是世界上除印地语与汉语之外的第三大语言。

1. 国际推广政策

哥伦布在 1492 年登陆美洲时便对西班牙语进行了国际推广。西班牙王国为执行语言国际推广机构,在 19 世纪 80 年代初设立了皇家语言学院。拉美在 19 世纪 90 年代逐渐设立了同皇家语言学院进行合作的院校,对西班牙语的国际推广有重要意义。20 世纪 20 年代中期西班牙解除封闭状态,经济的复苏也推动了语言的发展。20 世纪 80 年代进入欧共体组织,西班牙语的国际推广得到更大关注。

2. 设置专门的国际推广机构

西班牙外交部在 20 世纪 80 年代后期成立了促进文化交流的国际合作署,西班牙语的推行力度得到最大程度的提升。其主要向拉美国家的学生及学者提供资金,协助其进行各种对西班牙语言的研究工作。该机构近年来将西班牙语教材及教育人员派遣到海外,并为国外教学机构给予资金及相关资料的帮助。如 20 世纪 80 年代,中国便已经同西班牙进行了 15 名的交换生的交流学习,以西班牙语的相关学者或者教师为主。1991 年 3 月 21 日成立的塞万提斯学院不仅法人资格具有独立性,更是非营利性机构组织。该学院将塞万提斯课堂及学院设立在世界各国,从而使西班牙语在国际推广上更加顺畅。目前已有 38 个分院分布在了世界的 23 个国家;2001 年塞万提斯学院的网络学院成立,同整个国际机构中心进行联网,并有近 600 所拉美国家的大学与塞万提斯学院进行合作。设置专门的国际推广机构的宗旨为:使西班牙语的使用、研究以及教学国际推广到全世界范围,而且把西班牙文化传播到全世界。主要是利用同海外教育机构或者政府进行合作,并成立西班牙语代表处,把西班牙的文化与语言传播出去。主要活动表现为:其由文化国际推广、学术交流以及语言教学组成,其中最主要的工作之一就是对外语言教学师资的培养与培训。全世界 6800 名教育者在 2002 年参加了相关培训课,而且已举办了 5000 多种传播西班牙文化的学术交流会。

第5章

语言国际推广中的影响因素分析

　　语言推广的"价值理性"已为越来越多的国家所意识到并加以重视，特别是在"人类命运共同体"理念下，语言国际推广的深层意义会有更大的发掘空间。语言本体所具有的经济属性以及语言推广活动过程中带动的一系列多元效应也是十分显著的。

▌5.1　语言国际推广的经济因素分析

　　语言国际推广的经济性质，首先源于语言本体的经济属性；其次，语言推广的动因之一源于降低国家间交流成本或交易成本的需求；再次，语言及其在国际推广中所带动的资源流动，可同样适用以经济学中的普适原则加以评价。

5.1.1　语言国际推广的经济属性

　　基于经济学中的理论模式，语言经济学将经济学方法、理论与语言变量探索相融合，并研究了传统经济变量与语言之间存在的关系。自产生以来，语言经济学的研究范畴与内容受研究的完善而得到了发展与变化，其不再仅以经济学为研究语言问题的角度，而是将经济与语言的关系、语言行业产生的经济现象作为研究重点，诸如收入与语言能力的关系、语言经济的出现与发展等。由此可见，语言的行业特征与经济价值为形成语言行业的基础。语言行业以市场化的方式提供语言服务生产语言产品，并致力于满足个人、国家对语言的多方面需求，且语言行业多被定位于语言服务业。在经济一体化发展模式的作用下，在语言贸易中，语言推广生产品与语言行业可获得直接收益。另外，语言行业的发展与其所在区域的经济发展之间密切相关。2013年，在访问中亚四国时,习近平主席提出了"丝绸之路经济带"的共同建设目标,并指出应加强民心互通、货币流通、贸易畅通等,从而连接亚太经济圈与欧洲经济圈,推动国家发展。其中,陕西省为古代丝绸之路的起点,因此,根据当地的政治、文化、地缘优势,可突破语言行业中存在的许多问题,进而增强语言产业经济价值,更好地服务"丝绸之路经济带"。所以,本书以陕西省语言行业发展与GDP的实证研究为例,得出了语言相关产品与所在地区经济存在较高的相关度,也进一步验证和显示了语言及语言推广所具备的经济属性。在此分析过程中,本书同时考虑语言变量和经济变量之间的关系,通过采集尽可能具体、有代表性的陕西省语言产业相关的数据,选取陕西省语言翻译行业品牌企业的总产值进行统计,并在中国范围内对几个代表年份中各省语言产值排名情况进行分析,研究陕西省2001—2015年GDP对语言产业的弹性系数,进而考察语言产值对经济增长的推动作用,从而进一步为一国及全球背景下的语言推广的经济研究提供实证研究基础。

陕西省2000年语言产业总额约为2.1亿美元,排名全国第七,比第十名河北省高出近1亿美元。其中在2009年受到金融危机影响产值有所下降,但并没有跌破亿美元这个关卡,在全国的排名未发生变化(见表5-1)。总体来讲,语言产值对整体经济的影响呈渐增趋势,经济对语言产值的依存度维持在过去长时间的水平。2008年、2009年两年的弹性系数都是负数,2014年弹性系数达到5.5889,2015年弹性系数为9.9730(见表5-2)。

表5-1　各省份按经营单位所在地分语言产值前十名　（单位:万美元）

	2000 年			2008 年			2009 年	
地区	语言产值	排名	地区	语言产值	排名	地区	语言产值	排名
福建	170098	1	福建	68496	1	福建	61109	1
上海	54708	2	江苏	49227	2	江苏	33873	2
北京	49621	3	上海	42205	3	上海	27771	3
江苏	45636	4	北京	41169	4	北京	23473	4
浙江	27832	5	浙江	40113	5	浙江	22773	5
山东	24989	6	山东	39840	6	山东	21905	6
陕西	21220	7	陕西	38821	7	陕西	20649	7
辽宁	19031	8	天津	20400	8	天津	20383	8
天津	17154	9	辽宁	17433	9	辽宁	19293	9
河北	12386	10	河北	16420	10	河北	18962	10

数据来源:http://www.worldbank.com/.

表 5 - 2　陕西 2001—2015 年 GDP 对语言产值的弹性系数表

年份	GDP 增长率/%	GDP 对语言翻译弹性系数
2001	12.08	3.1873
2002	12.15	0.5033
2003	17.35	0.5977
2004	19.06	0.7525
2005	19.58	0.8495
2006	17.87	0.7647
2007	19.52	1.1731
2008	15.80	−1.6689
2009	7.30	−0.6522
2010	16.54	0.6584
2011	15.64	1.3077
2012	7.25	1.3182
2013	9.47	1.0811
2014	8.54	5.5889
2015	7.38	9.9730

在考察语言产业对陕西省 GDP 的相互关系时,排除了其他干扰因素。陕西省语言产值额用 YC 表示,特此说明,消除每年物价指数对各个变量的影响,得到每年实际 GDP 的计算,如表 5 - 3 所示。

$Y_t = ($第 t 年生产总值指数/1987 年生产总值指数$) \times 1987$ 年名义 GDP

表 5 - 3　1987—2015 年陕西省 GDP、语言产值　　　（单位:亿元）

年份	GDP	语言产值
1999	846.7	1.8
2000	1155.4	2.1
2001	1381.4	2.7
2002	1559.0	3.1
2003	1893.3	3.4
2004	2447.5	3.5
2005	3469.3	3.5

年份	GDP	语言产值
2006	4619.0	3.6
2007	5933.1	3.8
2008	6835.0	3.9
2009	7774.5	2.0
2010	8530.9	3.1
2011	9250.7	3.3
2012	10741.3	3.7
2013	12039.3	4.0
2014	13502.4	4.2
2015	15844.6	4.4
2016	18864.6	4.6

　　本次研究需要对变量进行回归分析,根据计量经济学理论,前提是所采用的时间序列必须平稳,如果序列没有一个稳固的中心趋势,就不能用样本均值和方差推断各时点随机变量的分布特征,那么回归分析所需的基础和有效性就遇到了问题,所以必须确定时间序列是平稳的。这里先分别对 GDP 和语言产值进行平稳性分析,避免产生"伪回归"。根据表 5 - 3 的数据得到图 5 - 1 所示的趋势图。

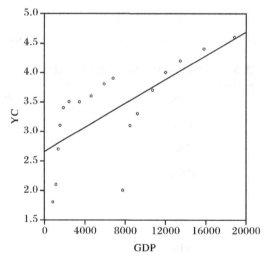

图 5 - 1　GDP 随 YC 变化而变化趋势图

由图 5-1 可以看出,随着 YC 的增长,GDP 也呈现增长趋势,陕西省经济从 1999 年的 846.7 亿元达到 2016 年 18864.6 亿元,语言产值从 1999 年 1.8 亿元达到 2016 年 4.6 亿元,可见陕西省 GDP 与语言产业有一定的相关性,并不是平稳的时间序列。

为了有更精准的结果,防止算出来的结果出现异方差,这里对所有的变量取对数,所以经济增长和语言产值额分别用 lnGDP、lnYC 表示。为了结果的可靠性,对所有变量取对数,因此经济增长、语言产值额分别用 lnGDP、lnYC 表示。在原先协整关系不变的基础上,也能够使变量趋势线性化,异方差在一定程度上被消除。由于实证分析的需要,语言产值额与陕西省 GDP 的实证分析模型设定为:

$$\ln GDP_t = \alpha_0 + \alpha_1 \ln YC_t + \varepsilon_t$$

1. 单位根检验

用计量经济学理论中 OLS 等传统方法对模型进行估计,当时间序列不平稳,伪回归容易导致模型反映的关系不真实,为了防止伪回归的出现,首先对这数据进行单位根检验,本书运用 ADF 检验方法,结果如下:

表 5-4　ln(YC)、ln(GDP)的单位根检验结果

变量	ADF 统计量	1%临界面	5%临界面	10%临界面	结论
ln(GDP)	−1.135343	−4.339330	−3.587527	−3.229230	不平稳
ln(YC)	−1.135480	−4.323979	−3.580623	−3.225334	不平稳
Δln(GDP)	−5.056191	−3.711457	−2.981038	−2.629906	平稳
Δln(YC)	−4.217375	−3.699871	−2.976263	−2.627420	平稳

由表 5-4 可以看出,在 5%水平下,ln(GDP)、ln(YC)是非平稳的,但两者是一阶平稳的,所以这时间序列是一阶单整,因此证明可以进一步进行协整检验。

2. 协整检验

这里为了确定两者是否存在长期稳定均衡关系,本书采用 EG 两步法来检验两者之间的协整关系,先用 OLS 方法对时间序列进行回归,结果如图 5-2 所示。

Dependent variable:lnGDP

Method:Least Squares

Sample:1999 2016

Included observations:18

Variable	Coefficient	Std. Error	t-Statistic	Prob.
lnYC	0.536534	0.434508	2.234808	0.0279
C	1.162449	0.358980	3.238202	0.0033
R-squared	0.984312	Mean dependent var		9.320000
Adjusted R-squared	0.983105	S. D. dependent var		1.351729
S. E. of regression	0.175699	Akaike info criterion		−0.542386
Sum squared resid	0.802628	Schwarz criterion		−0.400942
log likelihood	10.86460	Hannan-Quinn criterion		−0.498087
F-statistic	815.6408	Durbin-Watson stat		2.059614
Prob(F-statistic)	0.000000			

图 5-2　协整检验结果

可初步得出回归方程为：

$$lnCDP=1.162+0.5365lnYC$$

$R^2=0.984312, \overline{R^2}=0.983105, \text{F-Statistic}=815.6408$

从模型方程看出，所估计的参数为正数，$\beta_1=1.162449$，$\beta_2=0.5365$，语言产业的斜率为正，说明陕西省语言产值额每增加一个百分点，可导致陕西省 GDP生产总值平均增加 0.53 个百分点；即等于陕西语言产业同时每增加一亿元，会使陕西省 GDP 生产总值平均增加 0.53 亿元。

总体来讲，陕西省 GDP 与语言产业是正向关联的，陕西省语言产业的发展呈现波浪形上升。由回归方程看出，陕西省语言产值额分别每增长 1 亿元，GDP 会随着增长 0.56 亿元，符合经济发展的实际情况。

对上述回归方程的残差序列(e)进行单位根检验，辨别变量间是否存在长期稳定均衡关系，若残差序列是平稳序列，证明回归方程两个变量之间相互影响，结果如图 5-3 所示。

t-Statistic	Prob. *		
Augmented Dickey-Fuller test statistic		−2.588827	0.0116
Test critical values：	1% level	−2.650145	
	5% level	−1.953381	
	10% level	−1.609798	

图 5 - 3　残差序列的单位根检验

可以看出：残差序列的 ADF 检验统计量值为−2.588827，比 5%水平下临界值−1.953381 要小得多，所以残差序列是一个平稳序列，确定变量 lnGDP、lnYC 之间存在协整关系。

3. 格兰杰因果关系检验

对于本次研究的两个变量：陕西省生产总值、语言产业之间是否存在因果关系还需进一步验证，因此采用不同滞后期的 Granger 因果关系进行检验。检验结果如图 5 - 4 所示。

Pairwise Granger Causality Tests

Sample：1999 2016

Null Hypothesis：	Obs	F-Statistic	Prob.
lnYC does not Granger Cause lnGDP	27	4.05314	0.0317
lnGDP does not Granger Cause lnYC		0.23131	0.7954
lnYC does not Granger Cause lnGDP	26	1.61216	0.0221
lnGDP does not Granger Cause lnYC			0.4096
lnYC does not Granger Cause lnGDP	25	4.28188	0.0269
lnGDP does not Granger Cause lnYC			0.4538

图 5 - 4　格兰杰因果关系检验结果

结果表明：在不同的滞后期下，语言产业增长是经济增长的格兰杰原因，但经济增长不是语言产业的原因；经济发展还不能对语言资源的应用能力发展到预期水平,不能发生完全传递,可见,现阶段陕西省甚至是我国语言产业的发展体制还不够成熟,即使我国高校已开设了一些语种课程,语言人才储备也明显不足。

通过上述实证分析,可以扩及得到以下结论:

①以翻译行业为代表的语言产业对一个地区的经济增长有拉动作用。扩及一个国家,则可以看作一国语言对外的推广有助于其经济增长。

②协整结果显示语言产业增长与 GDP 增长呈正相关,说明了语言产业对经济有较强的带动作用。

③从格兰杰因果关系检验结果得出,语言产业的增长推动了 GDP 的增长,但 GDP 的增长不是引起语言产业增长的格兰杰原因,从而说明语言产业与经济增长是单向因果关系。需要注意的是,这一省际研究的结论在扩及一国时存在一定的不适用性,原因在于省际不存在国际之间所特有的语种差异。

除了以上分析得出的语言与经济之间的相关性,语言的经济属性还可以在以下方面得以体现:

①不同语言群体的语言功能与劳动力收入存在比例关系,语言人力资本、语言政策等均对劳动力的收入产生重要影响。

②语言行业的发展推动了进出口贸易的进步,这是因为通过强化当地语言教育,有助于提高外资引进力度,推动陕西省区域经济的发展,而基于语言的学习,人们可更为全面的认识国家背景与文化,了解商业规则与习惯,且有了外语经济的支撑,陕西省可增加其语言行业的附加值,提高经济效益,减少争端与摩擦,此便为语言的经济属性的重要表现。

③拉动外资,服务于地区技术与经济的发展。随着外语人才的培养,可减少综合素质低的从业人员,为多元化发展市场奠定基础,可更高效地吸引外资。由此可见,语言经济学以语言在经济中的效益、费用、效用、价值作为研究核心,而语言的经济价值与属性,诸如语言政策、语言评价、语言变化等为语言国际推广的要素基础。

5.1.2　语言国际推广的交易成本

交易成本理论来源于科斯的《论企业的性质》,其为新制度经济学的重要内容。与以往的经济学家不同,科斯并没有以生产函数为基础对厂商的行为进行解释,而是认为需对市场与厂商采用相对的治理方式,起决定性因素为较低的治理方式的交易成本。科斯指出,依靠契约、体制组织及其他政策,选择与应用标准化的度量衡,可以降低交易成本。而对于语言国际推广而言,交易成本理论为其经济根源。自我国加入世界贸易组织以来,对外贸易获得了全面发展的机遇,我国发展成为贸易大国,在此进程中,语言为重要的国际贸易媒介,影响着对外贸易质量。只有打破贸易国家之间的语言障碍,实现文化交流,才能够为正常开展贸易活动提供良好的平台。由此可见,在对外贸易活动中,语言扮演者关键的角色。这就需要国家加大多语人才的培养力度,而因语言学习产生的资本与人力即为语言成本,也为语言国际推广的经济支撑。在交易成本理论的作用下,国际语言推广所涉及的国际贸易行为中,语言成本为国际贸易成本的重要因素,语言成本也是一项十分关键的交易成本。然而,在国际贸易中,不同的国家所面临的语言成本有所不同,例如,发展中国家需要在与强国进行国际贸易时加大语言学习投资,即发展中国家会付出更多的语言成本。对于我国而言,日本、欧盟、美国为我国所针对的主要贸易对象,而此类对象国家多以英语为母语,我国便承担着语言成本投资者的责任。语言国际推广的经济根源即为交易成本理论,为实现国际贸易活动目标,为此,我国需加大语言国际推广的资本与人力资源,从而在将交易成本理论融于语言国际推广政策的过程中,稳固语言国际推广的经济根源。同时,语言国际推广也会在很大程度上促使国际交易成本有所降低,且如果国际社会统一了语言,则国际贸易中产生的语言成本将更低,随之,国家之间的文化交流、经济交流、政治交流等将会更加便捷,为全球经济的健康发展提供重要的前提条件。

5.2 语言国际推广的政治因素分析

通过探索政治与经济的互动关系,可以更好地解释和研究一个国家在参与世界市场的创造过程中如何进行利益分配。语言的国际推广无疑是实现多元化利益的手段和途径之一。

5.2.1 语言国际推广的博弈分析

维特根斯坦为语言哲学的奠基人,其首次提出了"语言游戏",此理念为"语言博弈"概念的基础。其中,"语言游戏"理念的提出意义在于说明词语的定义需以所处的使用环境为依据,与之相比,仅通过孤立、简单的逻辑分析来彰显语言的本质的做法终究无法满足需求。

民族语言为语言的重要载体,而不同的民族所使用的语言也不相同。各民族之间存在的语言差异容易引发矛盾,该种矛盾主要表现为语言竞争,即"语言博弈"。在语言博弈的发展历程中,部分语言取得了良好的发展成果,其地位得到了巩固,诸如英语,然而有的语言却在此进程中逐渐消失,诸如达尔马提亚语等。

语言博弈的特点类似于生态系统中存在的博弈,同样激烈与残酷。在 20世纪,受各种因素的影响,大约有上千种语言已经消失不在。据相关统计显示,在国际社会中,每两周内便会有一种语言消失,而剩下的语言也会随之进入以争夺使用者、提升语言地位为目标的激烈竞争中。现阶段,世界上得到使用的语言数量约为 6000 多种,而在日后的一个世纪中,将会有 3000 种语言失去使用功能,这就表明,至 22 世纪,3000 多种语言将会不复存在。产生该种现象的重要原因在于,在选择所应用的语言的过程中,使用者已经不再将语言的经济价值作为重点,而是更倾向于追求语言所具备的"价值理性"。另外,1999 年,美国夏季语言学学院经调查发现,在世界范围内,51 种语言的使用者仅有一个人,约有 500 种语言的使用者仅 100 人,而有 1500 种语言的使用者不足 1000人,3000 种语言的使用者不足 10000 人。而该 3000 种语言则属于濒危语言的范畴之内,正面临着严峻的挑战,受到死亡的威胁,且随着该类语言最后一位使用者的去世,此语言也将消失。

语言可被称为文化与科技的载体,因此,在如今的知识经济时代中,人们能够多掌握一种语言,也就代表着其可相应地增加个人资本。这就表明,在很大程度上,语言已经发展成为个人增加收益的关键工具,此即为语言所具备的经济学中的"工具理性"。以英语为例进行说明,在国际社会中,英语是一种超级语言,目前,越来越多的并不以英语作为母语的人群开始将大量的金钱与时间用于英语学习上,且部分国家对于发展英语教育投入了更高的成本。与以非英语为母语的国家相比,超级语言国家自身并不需要对发展英语教育进行额外的投入,所以,其最终产生的教育成本相对较低,并提高了语言信息交换的效益与交往的效率。由此可见,语言国际的推广,即语言的输出与推广的本质在于推动先进生产力的发展,因此,语言国际推广可产生一定的经济价值。然而,随着时代的进步,在实际的生活与选择中,人们所追求的不再局限于简单的"效用""GDP""价格"等因素,而是更加注重语言国际推广所彰显的"价值理性"。这就表明,在语言国际推广的博弈进程中,越来越多的国家在提升自身语言经济价值的过程中,更以语言的"价值理性"作为追求目标。

5.2.2　语言国际推广的共同利益和国际协调问题

纳什均衡作用下产生的局面是指,在博弈中,每个参与者在其他人未改变博弈策略的前提下,则其自身将无法改善自身所处的情况。因此,纳什也能够证明每位参与者均拥有优先的策略选择,且能够采取混合型的策略,在多种情况下,纳什均衡依旧存在。而在语言国际交际与推广中,纳什均衡的出现会对语言推广进程产生较为正向的影响。这就需要参与国家全面地了解推广语言所处的语言环境。由于语言国际推广的双方均会受到语言环境的作用(其中,语言环境是指广义层面的语言环境,既包含语言语境,也涉及社会语境与自然语境),因此,为实现成功的语言国际推广,需要语言博弈模型中的博弈者选择适当的博弈策略。在选择中,博弈者会综合考虑因自身条件面临的限制因素,以及其他博弈者所选择的策略。另外,语言国际推广的实现更加需要博弈者根据拥有的学术水平、双方地位、语言环境,对语言国际推广的策略选择进行科学的判断。在此基础上,博弈者还应寻求优化改进推广策略与交际方式的途径,从而达到语言国际推广层面上的纳什均衡。而作为文化的重要载体,语言国际推广也是文化的互通,此过程不仅能够降低协调成本,还能随着协调者双方均能接受的游戏规则,即进入纳什均衡的状态。

当前,语言国际推广可被视为一种具有代表性的国家公共产品,其与国家利益之间存在密切联系。在全球化发展模式的推动与作用下,语言国际推广所产生的各方面收益已经突破了世代与国界的限制,成为可以满足新时代中不同个体、不同民族、不同国家进行交际与沟通的关键途径,成为带动人类多种文化和谐共处、共荣共生的重要措施。同时,满足顺应新时代社会需求为实现语言国际推广的动力之一,因此,受共同利益与国际协调的作用,语言国际推广也随之具备的全球公共产品的本质,且该本质特征日益明显。

为解决语言国际推广的共同利益和国际协调问题,参与国家所需探索的已经不再是语言国际推广是否切实可行的层面,而是在顺应全球化发展模式的前提下,从国际关系、社会、文化、科技、经济、政治、哲学等多个维度,全面了解全球化的时代要求,从而对语言国际推广规则进行优化,使得语言国际推广成为全球化意义层面的公共产品,解决全球化发展趋势产生的负面效应。对全球化公共产品的供给与认知已经突破了国际道义的局限,紧密关系着人类的生存与发展。因此,语言国际推广作为公共产品,需要拥有经济基础,且在此基础上,参与者应更加关注与强调人类社会发展进程中的精神需求与人文关怀,协调出共同接受的语言国际推广规则,从更高的层次与更高的视野推动与理解语言国际推广与传播的概念与要求。为此,参与者需要意识到,在人类语言生态系统进入单极化的发展趋势,而文化又是语言的载体,语言文化的多元化与多样性将会面临严峻的威胁与挑战,所以,如果忽视全球化发展趋势的影响,仅从物质利益出发,而忽视从国际道义、共同利益、国际协调等更高层面进行语言国际推广,将会对人类带来无法弥补与无法估量的损失。将语言国际推广与文化互通相结合,从而使得国际协调成本得到降低,有助于协调出双方均可接受的语言国际推广规则,这是因为文化互通的属性便表现为国家之间达成一种"游戏规则",而此规则便为实现"语言纳什均衡"的重要支撑。这就表明,在解决国际语言推广的共同利益与国际协调问题的进程中,如何充分发挥"语言纳什均衡"的作用,从而实现国际语言推广的最大效益,并实现有目的、有计划、有组织地面向语言传播行为与国际语言教育,是语言国际推广需要全面考虑与深入思考的现实问题。

5.3　语言国际推广的文化因素分析

语言是文化传播活动的重要载体,是社会文化的重要组成部分,并且可以反映出本民族的具体特征;从另一个角度分析,社会文化也会反作用于语言,对语言的形成以及应用具有重要的影响,语言与社会文化之间相互影响、相互作用;认识语言就必须认识社会文化,认识社会文化就必须认识语言。

5.3.1　文化吸引力催化语言国际推广

文化吸引力是促使人们接受并学习使用一国语言的强大催化剂。语言是社会生产劳动的必然产物,而文化是一个运用广泛的,并且最具有人文色彩的抽象概念,文化主要有三个方面的特征,分别是历史性、内容性以及故事性。早在中古时代,就已经产生了文化,例如在《说文解字》《论语》《逍遥游》等书中均有相关记载,古今中外也有很多专业人士提到过"文化"一词。例如毛泽东曾经说过,"一定的文化(此处的文化是指意识形态)反映了一定社会的政治和经济的现状,又给予重要影响并反作用于一定社会的政治和经济"。在人类几十万年的发展历史之中,拥有历史记载的仅有几千年。这也反映出,或许在那些没有相关历史记录的时期,人类的生产组织活动中并没有出现文字以及语言,也没有产生记录的传播媒介,但文化一定是在社会生活中生根生长着的。

　　文化这一催化剂的作用,在很多时候是通过日常生活加以体现和渗透的。作为公认文化强国的法国,人们对韩国文化的热情在近年中令人惊讶,歌手、演唱会、韩国电视剧、韩语班讲座都受到人们的欢迎,特别是巴黎街头那些会用韩语打招呼的法国年轻人。在主流媒体并不是对所有文化敞开的法国,韩国大众文化被越来越多的法国人所接受,进而产生了日益庞大的韩语学习者群,这一文化现象导致的语言学习现象无疑反映了韩语强大的吸引力。比如,在 2013年的热播韩剧和爆红舞曲"江南 Style"的推动下,法国西部的拉罗雪尔大学只有 30 个名额的韩语课竟收到 130 件申请。同一时期的巴黎第七大学,韩语组的学生达 200 名,为汉语组学生的四倍。在美国,韩国的音乐组合 SHINee 因为拥有傲人的多项音乐荣誉和极高人气,让美国青年们也开始了疯狂学韩语。

　　这样的文化吸引力带动语言学习冲动的现象在世界上并不在少数,它表明一国文化对其他国家和地区的人民特别是青少年学习该国语言的动力有直接的影响,文化吸引力可以直接推动一国语言的国际推广。所以,在语言的国际推广过程中,提高文化吸引力、关注文化建设、提升文化自信都有着极大的意义。

5.3.2　文化认知度升级语言国际推广

　　推广并不止于语言,促进文化的认知和互通才是语言推广的深层意义。文化的认知度,是指对一国文化的认识、了解和熟悉程度。这一点,在国际经贸领域的交流中表现很显著。"本土化""入乡随俗"就是文化认知度作用的体现,在经济交往中文化理解可以直接降低双方的交易成本。

　　在语言的国际推广中,很容易让人联想到文化推送甚至文化渗透。本书认为,语言国际推广中所倡导的文化推广,更多的是对本国文化在国际认知程度提高的促进,"通"而非"推","知晓"而非"接受"。归根而言,语言在此过程中是工具,文化相通进而在各项国际交往活动中的通畅才是语言推广的目的。所以从这个角度考虑,语言国际推广最终理想的升级形式是一国文化在其他国家和地区人民中认知度的扩大和提高,这将直接或间接降低包括经济贸易在内的各类活动的交易成本。

第6章

语言国际推广的收益分析及评价模型

■6.1 语言国际推广的收益分析

语言国际推广的收益表现为多方面,远远超越于可以看得到的数字数据。从长期来看,这项政治、经济活动过程所带来的有政治收益,有经济收益,更有文化收益。

6.1.1 政治收益

人们普遍持有一个观点:如果一个国家地位得到明显提升,那么该国的母语发展也会越来越繁荣昌盛;反作用到母语发展层面,其繁荣昌盛也势必会增强该国的政治经济文化实力。从实质上来讲,语言并不能与意识形态划为等号,而且也不能与该国利益划为等号。但是如果语言占有绝对的优势地位,便得以能够传递丰富的价值理念,进而能够获取巨大的政治利益。目前全球范围内使用面积最广、使用人数最多的国际语言为英语,这是由美国等发达国家的政治、经济实力所决定的,其主要表现形式有:

(1)全球范围内大约有 68 个国家把英语这一语言当作其官方语言或第一语言,其中包括美国、英国、澳大利亚、加拿大等。

(2)数据结果显示,当今世界处于一个计算机网络信息时代,网络应用技术把全球连为一个统一的整体,从而使全球数据信息实现了共有化的目的,其中英语这一语种在此领域之内所占的比例达到了 85%,而其他语种仅仅占有 15%。

(3)在联合国组织活动与国际会议中,英语是其主要的官方使用语言,所占比重高达 95％,其他语种仅仅只占 5％。

　　(4)在国际贸易往来工作中所占比例将近 100％。就拿我国的教育行业发展来说,大陆专门组织了英语等级测试,大学英语四、六级考试以及专英语专业四、专八考试,我国台湾地区也实行了国民英语能力分级检测(简称 GEPT)。

　　英语这一语种在全世界范围内拥有着至高无上的统治地位,这样一来,将英语当作母语的国家必定会获取可观的政治利益,主要表现为:第一,加深了英语使用国家和地区的密切合作与交流,例如欧盟组织从建立初期的 8 个国家逐渐发展为如今的 28 个国家,这一组织是目前欧洲规模最大的区域性国际组织,并且大多数国家把一部分国家经济权利赋予了该组织,因此欧盟组织也越来越像联邦所有制国家,但是欧盟组织并不能够实行各个成员理事国的国家主权,从而实现了可观的政治、经济利益;第二,英语的广泛运用也带动了该国传统文化价值理念的传播,全世界各个领域内都充斥着丰富的英语文化,从而使英语文化演变为全球的主流文化;第三,英语的统治地位势必会给英语使用国家和地区带来高度的民族自豪感与荣誉,这样将在一定程度上把国民力量充分凝聚到一起。民族凝聚力指的是各民族之间的相互吸引,是促进各民族政治发展的一种力量。

6.1.2　经济收益

　　通过专业的理论分析,可以得到以下结论:语言文字就其自身而言,是一种能够产生经济利益与价值的特殊物品,语言的国际推广活动在不同领域内都能够带动国家经济的增长,从而获取可观的经济利益。

　　(1)从微观角度出发,语言文字是指一种特殊的人力成本,它将有利于人类掌握与运用其他的劳动力成本。例如专业知识与职业技能等,所以,加大对语言文字的投入力度,一定会给国家经济带来积极的正面影响。语言文字不仅仅是一种沟通工具,更是一种学习工具,如果多熟悉一种语言文字,就能在更多行业游刃有余地开展工作。例如:在目前的整体形势下,汉语的国际推广工作面临着"教师荒"的局面,缺乏专业的中文教师,因此,如果我们取得了中文教师资格证,与其他人相比,便多了一个就业机会;并且如果从事对外教学,其经济收入也相当可观。

　　(2)从中观角度出发,语言的国际推广工作具有综合性强、与其他行业联系紧密的基本特征,因此语言推广的发展势必会带动其他行业的发展,进而出现十分巨大的因果效应。根据世界贸易组织(简称 WTO)的相关政策,可以发现出一点,即语言的国际推广工作是语言教学出口的主要项目,换言之,语言教学的对外出口势必会拉动总体教学的对外出口,例如书籍的对外输出以及语言教师的对外输出等。占有绝对地位的语言采用了一系列语言考试制度,这类考试给海外国家提供了重要的资金支持,例如国外组织的雅思、托福考试以及国内组织的英语等级考试等,从而孕育了相关的语言文化行业,最终为美国以及英国产生了巨额的经济财富。

(3)从宏观角度出发,假如一种文字语言的国际响应号召力强,语言运用的深度较为广泛,那么这种文字语言就能够产生巨大的经济效益,也会吸引越来越多的人进行文字语言的进修学习。另外,学习该种文字语言的方式如果有获得的便利性,学习的成本也相对较低,那么相应的文字语言需求也会逐步提高。当今,以经济发展水平来对各个国家的综合国力进行实际的考察,提高该国文字语言的学习需求,可以使越来越多的人去认识以及关注该国,从另一个方面也能够扩大该语言使用国家的对外贸易范围和机会。

6.1.3 文化收益

在全球政治、经济一体化进程中,占有统治地位的语言能够为该语言使用国带来巨大的文化利益。例如,随着英语的广泛传播及使用,带动美国文化也悄无声息地渗透到世界各国。但是换一个角度考虑,如果一种占有统治地位的语言不受其他语言的相互制约,将又会造成唯我独大的尴尬场面,不利于全球多元文化的形成,阻碍全球的生态文化发展。这样一来,势必会使一些发展中国家的本民族语言渐渐失去普及使用率,甚至消失陨灭,同时还使世界多样性文化遭受毁灭性的打击,弱势语言的生存空间也逐渐缩小。早前便有相关历史记录,在以往的 200 年期间,殖民侵略主义在世界范围内盛行,西欧的殖民统治者在澳大利亚扫除了大约 150 种当地语言,在北美地区消灭了大约 300 种当地语言。一旦文化生态环境被破坏,将会带来严重的后果,即造成民族隔阂以及发生民族冲突,进而威胁到全世界的和平发展。维护世界和平是经济进步的最基本保障,如果要实现经济的平稳运行,那就必须营造出和平的国际局面,然而和平的国际局面又必须维护多样化的世界文化,因此,维护世界多样性文化是所有国家义不容辞的社会义务。所以,在一国实现其民族文化收益的同时,需要考虑到全球视野下的文化多元化问题。

文字语言的濒临灭绝现状值得全世界各个国家重视,维护本民族文字语言以及濒临灭绝的文字语言其实也就是保护世界多样性文化,也是维护世界各国的国家主权。文字语言的发展过程经过岁月的积淀,对人类的发展具有重要的文献作用,是弘扬民族特色文化的重要工具。如果此类文字语言消亡,那么相伴随着的历史文化也将会消失。维护文字语言的兴旺繁荣是世界多样性文化的有力保证。世界各国积极宣传本民族文字语言,使得本民族文化被全世界所认识和接受,这种举措便是对世界多样性文化最突出的贡献。另一方面,其他国家接受认可该民族的语言文化,也就意味着能够加强两国之间的合作与信任,最终可以建立起一个和平友好的沟通机制。各种各样的文字语言都具备了别具一格的世界观,这种世界观普遍被人们认为是这个国家对整个世界的观点,或者是某种独特的认识与理解,文字语言的传播交流实质上是一种世界观。

正是由于英语在全世界范围内的统治地位,导致全球经济发展以及各国综合国力提高必须要借助英语这一传播媒介。在这一过程中,其他国家也更深入地了解并吸取了美国文化。随着英语语言使用范围的进一步拓展,主要的英语使用国家将其自身的价值理念以及生活习惯传递给世界各国,从而对其他国家的文化产生重要的影响。文化方面的影响,将最直接地体现为带动和引导一国文化产业的发展。以满足国民精神层次消费需求为目标的文化产业,其产品形态包括了各种文艺文学创作、影视音乐创作、图书报刊、文化旅游、设计服务等。对一国文化的热衷会影响到这一文化圈内各类产品和服务的生产、流通和消费,精神性、娱乐性文化产品的收益也带动着一国整体经济的发展。

6.2　语言国际推广中的模型构建

6.2.1　模型基础与原则

国际贸易的实质为对市场需求的关系展开调节,其有助于使实际效率得到提高,取得更大的经济利益,同时还能使国民经济协调发展。然而在效益实现之时,不得不将其中一项目的作为牺牲的代价,用来换取经济的价值,则该阶段将会涉及费用成本。交易的实质体现为对人与人之间的打交道关系进行了反映,由此可见,必将出现相关的交易费用。根据交易费用的含义得知,其被区分为广义与狭义两种。广义角度中,交易费用包含因非机会主义动机或者机会主义动机所产生的讨价费用,也就是在市场机制运用中的整体费用;狭义角度上,其本质就是整体贸易进行中所发生的支付费用,比方说执行契约、修订、起草、谈判、询价等全部的费用。

本书将利用供需方产生的具体贸易行为,对因贸易语言而产生的由隐性与显性所组成的交易成本进行分析。沟通成本对显性成本进行了详细的体现,但是利用瞬时性、有效性、可靠性及准确性却使隐性成本得以具体展现。详细内容如图6-1所示。

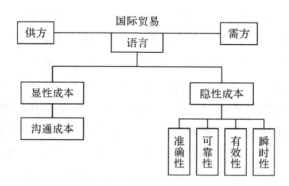

图6-1　国际贸易中语言成本分析

贸易进程中,最重要的交通工具即为语言,然而因法律、价值观以及宗教信仰或政治体制的不同,语言也就存在了一定的差异,语言成本会因其差异的不同有所改变。因语言所造成的沟通成本一般出现在协调过程及交易谈判两个环节,但语言又存在于贸易中的各个环节,其产生的隐性成本不容小觑。基于以上考虑,本书中模型的构建原则体现为以下几点:

①准确性。因商业惯例、法律环境以及国际政策的差别,贸易主体必须支付额外的费用对相关信息进行识别与收集,使交易的准确性得以提高,从而对交易成本进行控制。

②可靠性。语言差异可能会致使客观又隐蔽的一系列可靠性问题成本出现,要想使贸易能够持续进行,必将利用大量成本对交易的不确定性进行弥补。

③有效性。国际贸易的重要因素就是信息与制度,所以必须克服语言障碍,利用有效信息对其进行判断。

④瞬时性。贸易市场的内生变量就是对瞬时性的反映,交易费用降低的关键手段是信息效率,所以必须对关联信息进行快速抢占,而在瞬时性上其付出的代价更高。

基于上述几点构建原则,以厘清经济与语言关系及对理论进行论述为前提,本书对语言经济价值框架进行分析与构建,具体如图 6-2 所示。

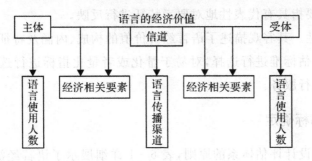

图 6-2　国际交往中语言的经济价值分析

上述构建的框架是以语言定义为切入点的机理,其认为语言就是利用主体发出表现符号,经过信道,传到受体,对反馈进行处理,使语言价值在经济活动中得到实现。语言活力是由具体的使用人数所决定,就是所谓的使用地位、使用频度与使用人对语言的态度,同时能够利用语言 Q 值对语言交际价值进行判定。Q 值越高,那么使用语言的流行度以及集中程度就越大,不仅如此,越高的语言地位,会促使使用人数增多。然而语言经济价值大小的判断不能只取决于具体的使用人数。

语言经济价值在国际交往中比较易于考察,语言的使用有关键性作用。基于强势的经济状况,语言扩张是必然趋势,同时语言经济的价值会因语言在国际中的地位得到提升。但科技因素对语言的扩张与经济价值的提升存在的制约性,可能会对经济的发展产生一定影响。

6.2.2　模型指标体系

1.指标选择原则

本书在指标选取时,遵循了如下标准:

(1)适用性。语言经济价值依附在经济活动的各时期,权重会在各时期发生变化,因此,只在共时状态下,权重结果才有效。

(2)科学性。选择的数据库必须具备权威性,对数据来源进行综合比较,确保指标数据有效准确。

(3)独立性。体系中一个指标只单独对应一个要素,不具有包含性与重叠性。

(4)系统性。其对语言解码或者编码所产生的效益与价值进行了综合体现，全面性主要指具有代表性地对要素特征进行反映。

(5)目的性。其客观描述了语言经济价值的构成、内涵及特征，对更高层次且能支撑的评估标准进行选择，对易于量化或者量化指标进行选用，能够为判定评估结果进行服务。

2.评价指标确定

依照上述设计评估体系的原则，表 6 - 1 详细展示了语言经济价值评价的二级指标以及一级指标。

表 6 - 1　评价语言经济价值标准体系表

	指标类别	指标变量
评价语言经济价值标准体系	语言使用人数 A1	母语使用人数 A11
	国家综合实力 A2	非母语使用人数 A12
	语言相关紧密产业 A3	GDP 总量 A21
	语言传播渠道 A4	GDP 增速 A22
		留学服务 A31
		文化产品 A32
		国际旅游 A33
		互联网 A41
		影视传媒 A42
		出版物 A43

(1)语言使用人数。

语言经济价值的实现因其工具的属性决定了必须在物或者人方进行附属。目前，世界已有语言 6909 种，通过联合国教科文绘制的"语言地图"得知，语言使用者的地区分布以及数量极不均衡，全球只有 3% 的人口对 96% 的语言且在极小区域内进行使用。所以大量的语言因使用人员的减少而逐渐衰败，主流语言正在对其逐渐取代并侵蚀。大量的语言不能在公共场所、新闻传媒、出版业以及教育体系中使用。所以，体现语言活力程度的形式就是使用人数。假如只有本土的母语使用人对该语言进行使用，那么必将有一定的限制影响到该语言的经济价值。由此可见,非母语以及母语的使用人数就是评价该要素的重要标准。

(2)国家综合实力。

对国家资源以及国情进行衡量的重要标准就是综合实力,更是对国家技术实力、文化、军事、政治以及经济进行衡量的综合性标准,同时也是国家具备对外施加影响及发展条件的力量总和。国家整体发展水平的强弱直接决定了国家的综合实力,并且对国家在世界中的影响力与地位起到了根本性作用。国家综合实力具有丰富的内涵,既包括精神,又涵盖了物质的社会与自然两种角度。美国哈佛大学教授约瑟夫·奈在 20 年代 90 年代率先提出了"软实力"理论,之后各国开始重点关注,认为"软实力"就是国家的对外形象。目前在全球经济飞速发展的趋势下,文化软实力表现最为重要的一点为其已经成为国家安全、文化权益、经济利益及政治利益的主要途径。

语言同国家综合实力相辅相成,语言传播与发展的基础就是国家综合实力,语言扩张能力随着综合实力的壮大而加强,语言经济价值也就变得更加巨大;国家综合实力传播的媒介就是语言,国家认同度及形象因语言的传播得到提升,进而国家综合实力也会随之增强。比方说英语的传播,主要运用英语的美国与英国国际推广英语教学就是其综合实力的表现,也是语言经济发展的坚实后盾,在国际领域内英美两国利用语言传播使得国家影响力进一步增强。英国在 16 世纪时利用国家综合实力的强大性,将殖民范围扩展到了海外,使原始资本积累完成,同时使小语种的英语在此时走进了世界领域,随着工业革命的出现,彻底实现了英语国际化,其经济价值进一步提升。在我国的唐宋时期,汉语被传播到越南、韩国和日本。基于本国当时实力衰弱,只有寥寥无几的来华留学生。然而随着本国经济逐渐崛起,汉语热已在国际上开始兴起。所以便可总结出:国家综合实力展现的主要层面即为 GDP,GDP 会因综合实力的提升而提高。因此,国家综合实力进行衡量与评价的重要标准之一就是 GDP。当具备足够影响力的综合实力出现时,基于利益的驱动,语言规则不同体系的运用者必将同该国加强互动与交流。如果各语言规则的运用者对该语言进行了转用,则语言扩张便就此产生,而且所具备的经济价值将以乘数的效应得到展现。

(3)语言关联紧密的产业。

同语言紧密关联的产业评价指标为国际旅游、文化产品及留学服务。具体为:

①国际旅游。国际旅游由两部分组成,分别为入境旅游和出境旅游。基于内容角度,旅游包含从事文化体育及经贸交流活动、探亲访友游、消遣购物游及异国观光游等,比方说参加宗教活动、世博会、奥运会、商务旅游等。语言服务是国际旅游的首要前提。与文化产品大同小异,国际旅游也是利用语言作为媒介,形成一条拥有巨大商机的产业链。旅游国的经济会因语言服务的一流水平得到巨大的回报,对于语言的经济价值提高有显著成效。通过最新调查可知,2010年中国国际旅游收入(外汇)已达到458.14亿美金,较前一年增加了15.5%。美英在2010年时统计中国为其带来的国际旅游(外汇收入)高达33.384亿美金,其中美国占到了29.4亿美金。因此便可得知国际旅游中,语言依然占据了重要位置。

②文化产品。1921年,美国的语言教授萨丕尔提出语言的存在离不开文化。文化生存的基础就是语言,二者相辅相成。目前国际交流日趋频繁,文化需求也变得愈加强烈,正在向文化全球化趋势发展。文化已成为对社会经济发展进行推动的主要途径。信息文化的基本载体就是语言,因此要想扩大文化贸易,就必须利用语言的支撑能力。文化贸易基于服务贸易及文化产品的依托而展开。基于文化产品种类的不同,UNESCO对其进行了区分,文化产品的核心内容有视听媒介、记录媒体、书籍及文化遗产等,文化相关产品有贸易广告材料、建筑图纸贸易及设备等。比方说世界著名的娱乐互动软件公司美国艺电(EA),其营业额在2010年就已达到37亿美金,仍旧保持逐渐增长的趋势,其文化总产值在2011年达到了3.9万亿,首超GDP总产值的3%。

③留学服务。全球目前正以消费和生产中服务为主的服务型经济转变。利用《世界贸易组织服务贸易总协定》(GATS)的要求,12类国际服务中教育服务是第五类,实质就是以经济为前提的国家之间进行的教育输入与输出。不仅如此,经济消费与投资的主要内容及主要增长点就是教育服务贸易。教育服务贸易具备了自然人流动、商业存在、境外消费及跨境交付这四种提供形式。据相关统计,已有194个国家或地区的留学生于2011年分布在中国各地的660多所教育机构或者高校进行学习。同时本国海外留学总数正在以20%的趋势进行递增,在2011年时中国出国总人数位居全球第一位,具有34万人之多。留学经济在2011年时保守计算将近人民币600亿。

(4)语言传播渠道。

①出版物。出版物由数字、视听及印刷三大类型组成。印刷出版物就是传统出版物,其包括图书、杂志以及报纸,其利用纸质形式向大众传输信息与知

识。发展到 20 世纪 20 年代时,录像、录音及缩微成像等技术出现,各类信息利用计算机为媒介进行传播,至此新型出版物开始形成,其为国家带来了巨大的经济利益。比方说,在 2010 年时英国出版业的总额已达 2325.853 亿,美国为 4740.5758 亿,反之,中国的出版总额是为 7.58 亿。据相关调查,中国具有 60% 的推广语言教育相关产品进行了版权出口贸易。基于"汉语热"的狂潮,汉语教学在世界范围内得到了推广,海内外发行的《新华字典》累计超过 4.5 亿册,已成为国际发行量最大的辞书。

②影视传媒。作为发展潜力巨大的传媒产业,影视传媒把语言当成基础载体,利用人们常见的电视、电影及广播等将世界丰富多彩的模样瞬时便捷地传播到人们的生活娱乐中,不仅为人们的精神带来了具体的享受,而且还为国家经济带来了丰厚的效益。例如,在世界领域中,美国的影视地位可以说是独一无二的,其所生产出的影片,在世界播放量中已占据到了一半之多,票房总收入占全球的比例高达 2/3。全球电影市场中,好莱坞电影不仅风靡了全世界,而且甚至占据了整个市场的 92.3%,其海外的票房市场也占据到了一半以上,不仅如此,联合国电影语言调查得知,英语几乎占据了全部的语言。全球已有 60% 的广播节目以及 75% 的电视节目在制作与生产中受到了美国的控制,有 60%~80% 的节目被第三世界国家自美国转出,然而美国只对外国的 1%~2% 的节目进行了引进,至此英语的经济价值得到迅速提升。中国在 2011 年已有 131 亿票房,但国外电影却占据了大半的收入,中国影视传媒的自身盈利能力相对薄弱。根据中国相关调查得知,中国电影的海外票房还不足美国的 1/40,相当低,中国电影进入海外主流院线的数量少之又少,海外至少有 1/3 的观众在 2010 年对中国电影毫无了解。

③互联网。科学技术不仅把人类经济的发展推向了全球化,其更是第一生产力,同时科学进步又因经济实力的雄厚获取到了物质保障,至此"马太效应"开始显现。在语言进行具体发展的进程中,科学技术所扮演的角色带有双刃性质,不仅加速了一些贫困或者弱小国家与地区的语言弱化,乃至消失殆尽,而且在经济实力如此强大的环境下,对语言的迅速发展起到了推动作用。造纸术的出现使利用口语表达的语言在瞬时性限制中被释放出来;之后开始应用印刷术,使得阅读成本开始节省,语言开始进行大众化普及。人类交流方式的转变始于第三次科技工业革命的出现,特别是在应用计算机技术与通信后,语言的演变、结构、使用以及选址进行了彻底的革新,各国的人民都能够对各种集声音、图像、文本于一体的国际信息进行享用。作为美国母语的英语,对整个互联

网语言进行了统治,独占鳌头,而且承载了全部的最新国际资讯以及编程语言。另外,载体是文字的汉语却成为被互联网舍弃的语言,因此,诸多专家倡导将汉语进行拼音化。然而基于信息网络技术的进步,语言多元化的网络世界亦将逐渐形成。

6.3 模型分析的过程与结果

6.3.1 评价过程

语言价值评估系统是综合体系框架的一个重要组成部分,其首要任务为确定权重,即调整因子,该项研究能够体现所有指标在综合体系框架中的重要性。显而易见,不同的指标对该目标起到的作用也有所不同,因此,权重比例也有所差距。例如,指标作用越大,权重比例也就越高,并且权重比例是根据定量方法来反映其贡献值。对语言策略层面的权重进行确定,能够清楚地得出语言价值高低,确定权重是语言价值量化系统的一项重要内容。

关于对评估系统权重的确定,国际领域提出了多种参考方式,主要有以下几种:德尔菲法、因子分析法、层次分析法、专家会议法、对偶比较法等。上述几项评估系统权重确定方法的本质内容体现为:一是德尔菲法。这是根据人的主观意志确立的一种方法,通过填写匿名的调查问卷,收集各类专家的意见,经过整理加工之后,再反馈到专家手中,需要经过反复的收集归纳,最终形成共识才算完成。二是因子分析法。其出发点是为了研究与分析指标之间的依附关系,将一部分拥有较为复杂关系的指标归为少量因子,主要应用领域为产品的市场调查,能够分析出有哪些因素影响到消费者的购买以及满意程度。三是层次分析法。这是指把决策有关元素进行一个系统的分解,可分为总目标、具体目标、实施方案、评估规则等多个层面,然后以此为基础来确定定性分析以及定量分析的方式策略,其适用于分层较为错乱的评估系统。四是专家分析法。该种方法根据规定准则选择有关方面的权威性专家,然后组织专家会议,吸收来自不同专家的建议,组织人员内部之间需要进行交流与探讨,以便于科学有效地预测出未来的发展状况。五是对偶比较法。顾名思义,需要对全部预测内容进行配对,然后呈现给被试系统,被试系统根据某一特性将两者进行比对,最终可以得出结论——其中一个预测内容在这方面的特性更为明显,但这种方法的推广范围面较窄。

由于语言功能具有特殊性以及复杂性,所以语言价值评估系统内不同指标的量纲和权重也有所不同,通过上述分析可以看出:层次分析法是把研究系统进行分解,再对不同指标进行比较,最后判断出哪项指标更加完美。此种方法对于语言价值评估系统确定权重方面起到了借鉴作用。根据目前的语言价值系统,选择多个要素作为语言价值评估准则,然后将这些要素分成具体指标,以此来建设语言评估系统的指标层。针对不同指标的影响程度构建一个递阶形式的层次结构。以下为具体操作步骤。

1. 建立递阶层次结构模型

按照该体系的设计理念与设计策略,语言价值又可分成 4 个要素,这些要素根据基本属性与关系进行了一个更为细致的划分,组成一层支配一层的层次结构。语言价值评估是该结构的最高层次,具体指标内容是该结构的中间层次,语言策略方案是该结构的最底层次。本次结构体系中,英语与汉语为语言策略方案层的具体内容,因为这两个语种的使用人口最为广泛,相对而言在语言使用方面比较稳定。在特定时间范围内,语言运用频率与语言使用人数可以保持语言生机与活力,一般情况下,不会产生迅速灭亡的可能性。另外,在语言评估方面,不会产生由于语言价值太过悬殊,最终导致语言价值体系设立意义的缺失。

2. 构造各层次的判断矩阵

假如上层的构成元素 A 是基本准则,下层的构成元素被 A 元素所支配,为 $W_1, W_2, \cdots, W_n$(n 为构成元素的数量),因为各构成元素指标拥有不同的物理意义,所以按照各个指标对构成元素的排列情况以及应用标准可以把判断矩阵加以具体量化,以此来确定各个指标的权重比例,构成元素进行两两对比最终得到了 $n*n$ 矩阵 A。

$$A = n \times (a_u)n \begin{bmatrix} W_1/W_1, W_1/W_2, \cdots, W_1/W_n \\ W_2/W_1, W_2/W_2, \cdots, W_2/W_n \\ \cdots\cdots \\ W_n/W_1, W_n/W_2, \cdots, W_n/W_n \end{bmatrix}$$

其中 W 数值的确立标度为 1～9 的数字以及倒数,具体的评估分值是依据各类要素对所有语种作用的排列顺序来评估其重要性,因为语言价值评估体系始终是在动态运行,即使测试结果出来以后,权重指数也没那么绝对。所以,在确定 W 数值的情况下,需要采取定性处理方式,也就是指依照两个语种的分析数据加以排列,以此来判断在矩阵队列中的标准维度。判断矩阵队列的标准维度具有以下含义,如表 6 - 2 所示。

表 6 - 2 重要性判断矩阵队列的标准维度

标准维度	基本含义
1	两种元素进行比较,重要程度大致相同
3	两种元素进行比较,前一元素比后一元素稍微重要
5	两种元素进行比较,前一元素比后一元素比较重要
7	两种元素进行比较,前一元素比后一元素非常重要
9	两种元素进行比较,前一元素比后一元素绝对重要
2,4,6,8	取上述相邻判断矩阵的中间数值
倒数	对这两种元素进行反方向比较

在估量判断矩阵队列各个元素的比例时,需要充分考虑所有指标对语言影响的复杂程度,本书借助了 AHP 软件实现测量标度,以此方式来简化判断预测过程的复杂与反复程序,尽最大能力使最终数据科学有效。在由中间层次控制的下层指标矩阵系统中,由于牵涉的指标量较大,因此,本系统采取两两比较的策略,反复运用 AHP 软件实行初步预算并不断更改,根据矩阵队列的理论检验,从而获取各项指标的相对权重。

针对上面提到的矩阵等式,并参照矩阵队列理论,设定矩阵的最大数值为 $\lambda\max$,当 A 矩阵得到满意的结果时,$\lambda\max$ 数值将会高于矩阵阶数 n,也就是指 $\lambda\max$ 值越与矩阵阶数 n 相近,则一致性便更好,反之,结果也会相反。另外,矩阵指标的检验标准为引用判断矩阵队列的平均值,即使用平均统一性指标 RI 值,该数值经过多达 500 次的反复估算,再取结果的平均值,详细数据如表 6 - 3 所示。

表 6 - 3 随机统一性标准

矩阵阶数	1	2	3	4	5	6	7	8	9
RI	0.00	0.00	0.58	0.90	1.12	1.24	1.32	1.41	1.45

通过分析,可以看出:当矩阵阶数>2时,统一性比例CR(指判断矩阵统一性指标CI与平均随机值RI的比例,CR=CI/RI)<=0.1时,判断矩阵队列就具备一致性,反之,该矩阵队列需要整改。实行专家打分的方式,得出语言价值评估系统各个层次的矩阵,进而可以得到二级指标的权重比值,权重结果可以如表6-4至表6-7所示,各级指标的权重结果如表6-8所示。

表6-4 语言使用人数指标的判断矩阵建设与相对权重

指标	判断矩阵 $A11$	判断矩阵 $A12$	相对权重	统一性检验
A11	1	1/3	0.250 Wi	Λmax=2,CI=0
A12	3	1	0.750 Wi	RI=0,CR=0
		最终结果:检测通过		

表6-5 国家综合实力指标的判断矩阵建设与相对权重

指标	判断矩阵 $A11$	判断矩阵 $A12$	相对权重	统一性检验
A21	3	1	0.750 Wi	Λmax=2,CI=0
A22	1	1/3	0.550 Wi	RI=0,CR=0
		最终结果:检测通过		

表6-6 语言相关行业指标的判断矩阵建设与相对权重

指标	判断矩阵 $A31$	判断矩阵 $A2$	判断矩阵 $A33$	相对权重	统一性检验
A31	1	3	5	0.6370 Wi	Λmax=3.0385
A32	1/3	1	3	0.2583 Wi	CI=0.01925 RI=0.58
A33	1/5	1/3	1	0.1047Wi	CR=0.03319
			最终结果:检测通过		

表6-7 语言传播途径指标的判断矩阵建设与相对权重

指标	判断矩阵 $A41$	判断矩阵 $A42$	判断矩阵 $A43$	相对权重	统一性检验
A41	1	4	7	0.7094 Wi	Λmax=3.0324
A42	1/4	1	3	0.2109 Wi	CI=0.0162 RI=0.58
A43	1/7	1/3	1	0.0841 Wi	CR=0.0279
			最终结果:检测通过		

表 6-8 各级指标权重统计表

	指标类别	权重	指标变量	权重
评价语言经济价值标准体系	语言使用人数 A1	0.0729	母语使用人数 A11	0.250
	国家综合实力 A2	0.6729	非母语使用人数 A12	0.750
	语言相关紧密产业 A3	0.2844	GDP 总量 A21	0.750
	语言传播渠道 A4	0.1699	GDP 增速 A22	0.550
			留学服务 A31	0.6370
			文化产品 A32	0.2583
			国际旅游 A33	0.1047
			互联网 A41	0.7094
			影视传媒 A42	0.2109
			出版物 A43	0.0841

通过各级指标权重统计表 6-8 分析可知，国家综合实力 A2 对于语言经济价值影响权重最大为 0.6729，因此本书针对国家综合实力 A2 进行了扩展研究。

3. GPD 扩展研究

(1)理论基础。

①GDP 的逐渐增加，在一定程度上提升了国家的整体经济水平，为文化的发展、语言的推广奠定了坚实的基础。同时，语言的推广亦能够推动国家的经济发展。

②提高商品出口比率，可为语言的传播、文化的传播提供可能性。正是因为高附加值为贸易的显著特点，因此，其能够保障国家在有限的时间内实现国民财富的积累，并为国家实现经济可持续发展做出铺垫。另外，贸易的发展为学者传播文化理念提供了平台，其不仅能够提升国家的文化形象，还能够进一步增强国家的综合竞争实力。由于贸易范围的扩大，可促使进口国家正对输出国家的文化产生认同感与亲近感，所以，贸易的开展可提高输出国家的整体形象，扩大其辐射效应与整合效应，并从而带动经济的快速发展。

(2)构建原则。

①结合独立性与系统性原则。该原则要求在构建过程中，既要做到全面考

虑各个指标之间存在的各种紧密联系,同时对相关关系进行精简。

②结合可行性与科学性原则。在充分掌握研究目标的基础上,对评估系统进行科学分析,并选择具备代表性的主要指标与综合指标,确保数据的易得性。

③结合稳定性与动态性原则。改进指标体系,以便维持特定时间范围内国家的稳定状态。

④结合适应性与普遍性原则。被分析的指标并不局限于推广汉语时期内存在的社会经济现状,并可被应用于其他面临分析的层面。

(3)指标选择。

①评估关联度指标。选择生成统计之后的指标或是原始指标,使其构成能够对关联度进行评估的指标体系,该指标体系彰显可比性,数据遵从比例关系,如表6-9至表6-12所示。

表6-9　1950年经济数据统计结果

国家	商品出口率(A1)	劳动生产率(A2)	就业率(A3)	GDP(A4)
日本	2.2	2.08	42.7	160966
西班牙	3	2.6	41.8	66792
德国	6.2	3.99	42	265354
法国	7.6	5.82	47	220492
英国	11.3	7.93	44.5	347850

表6-10　1970年经济数据统计结果

国家	商品出口率(A1)	劳动生产率(A2)	就业率(A3)	GDP(A4)
日本	7.7	11.48	48.4	1013602
西班牙	5	10.86	37.4	246976
德国	23.8	14.76	44.9	843103
法国	15.2	18.02	41.1	5923289
英国	14	15.97	44.6	599016

表 6 - 11　1990 年经济数据统计结果

国家	商品出口率($A1$)	劳动生产率($A2$)	就业率($A3$)	GDP($A4$)
日本	10	19.04	50.6	2321153
西班牙	16	18.96	33.2	474366
德国	25	21.94	46.4	1264438
法国	21	29.47	39.9	1026491
英国	24	21.42	46.8	944610

表 6 - 12　1998 年经济数据统计结果

国家	商品出口率($A1$)	劳动生产率($A2$)	就业率($A3$)	GDP($A4$)
日本	13.4	22.54	51.5	2589320
西班牙	23.5	21.94	34	560138
德国	38.9	26.56	44	1460069
法国	28.7	33.72	38.6	1150080
英国	25	27.45	45.8	1108568

②因子得分。因子得分是指各个主成分与变量的负荷数量,主成分变量所拥有的实际系数。以该实际系数为依据,在与原始数据实现指标标准化的过程中,能够进一步推算出各因子得分的具体状态。另外,还可通过开展深入的分析,在主成分旋转之后,将其表达公式归结为:

$$Y_{kj} = \sum_{i=1}^{4} A_{kj}B_{kj}$$

在此公式中,i 代表第 i 个主成分,而 j,k 与 A 为不同国家原始标准化指标的数值,j,i 与 B 为因子旋转后所具备的负荷量,其中,Y 代表主成分。设定 $i=1,2,3,4$,不同国家的序号表示成 $1,2,3,4,5$。不同年份的因子得分情况如表 6 - 13 至表 6 - 16 所示。

表 6 - 13　1950 年因子得分情况

1950 年	排序	因子 1	因子 2	因子总得分
英国	1	1.44566	−0.28861	1.116506
法国	2	0.00484	1.65229	0.444958
德国	3	0.22165	−1.06888	0.007386
日本	4	−0.84537	−0.12877	−0.70046
西班牙	5	−1.04678	−0.16602	−0.86839

表 6 - 14　1970 年因子得分情况

1970 年	排序	因子 1	因子 2	因子总得分
德国	1	0.55767	0.81096	0.599276
日本	2	1.3016	−1.0511	0.348332
英国	3	−0.01745	0.38713	0.12843
法国	4	−0.53463	0.94554	0.040248
西班牙	5	−1.30718	−1.09253	−1.11628

表 6 - 15　1990 年因子得分情况

1990 年	排序	因子 1	因子 2	因子总得分
德国	1	0.34283	0.59475	0.359495
日本	2	1.24013	−1.19169	0.313897
法国	3	−0.19348	1.05583	0.208457
英国	4	0.12434	0.47632	0.207288
西班牙	5	−1.51382	−0.93769	−1.08914

表 6 - 16　1998 年因子得分情况

1998 年	排序	因子 1	因子 2	因子总得分
日本	1	1.39717	−0.98258	0.545239
德国	2	0.10656	0.777	0.270995
法国	3	−0.19761	1.1315	0.190152
英国	4	0.10343	0.1378	0.097057
西班牙	5	−1.40955	−1.06373	−1.10344

③关联度分析。通过对不同国家因子关联度得分情况进行汇总,得出如下公式:

$$C_k = \sum_{i=1}^{4} Y_{ki}$$

在上述公式中,C_k 是指国家 k 拥有的关联度状态,而 Y 是指主成分。设定主成分的序号为 $i=1,2,3,4$,国家序号为 $k=1,2,3,4$。则通过上述公式,评估因子关联度之后所得的结果如表 6 - 17 至表 6 - 20 所示。

表 6 - 17　1950 年因子关联度评估结果

1950 年	排序	因子得分
西班牙	5	−0.86839
日本	4	−0.70046
德国	3	0.007386
法国	2	0.444958
英国	1	1.116506

表 6 - 18　1970 年因子关联度评估结果

1970 年	排序	因子得分
西班牙	5	−1.11628
日本	4	0.040248
德国	3	0.12843
法国	2	0.348332
英国	1	0.599276

表 6 - 19　1990 年因子关联度评估结果

1990 年	排序	因子得分
西班牙	5	−1.08914
日本	4	0.207288
德国	3	0.208457
法国	2	0.313897
英国	1	0.359495

表 6 - 20　1998 年因子关联度评估结果

1998 年	排序	因子得分
西班牙	5	−1.10344
日本	4	0.097057
德国	3	0.190152
法国	2	0.270995
英国	1	0.545239

6.3.2　评价结果

针对不同的四个国家,选取与之经济水平发展现状相吻合的重要指标,并将之与语言发展的关联度进行分析与比较,尽管所获得的数据在一定程度上存在片面性,且数据量并不十分强大,但是,通过全方位的计算分析与数据建模,可总结出在一个国家范围内,其在语言发展与推广时期,自身国家的商品出口率与 GDP 所产生的影响较大。因子分析结果表明,商品出口率与 GDP 处于主成分 1 的行列中,其每个因子的解释率在 80% 左右,由此可见,商品出口率与 GDP 直接影响一个国家的经济发展水平与速度。另外,正是因为就业率与劳动生产率处于相对不稳定的状态,尤其是就业率在经济意义上产生的影响力较小,所以,该两个因子处于主成分 2 的行列中。上述分析结果表明,对于西班牙、日本、德国、法国、英国而言,其各个国家的语言推广机遇期与经济发展水平相吻合。例如:1998 年,日本的语言推广效果排名第一;1990 年,德国的语言推广效果排名第一;1970 年,德国的语言推广效果排名第一;1950 年,英国的语言推广效果排名第一。此外,在殖民地时期,西班牙的原因推广处于重要地位,然而在该国家经济实力不断降低的背景下,其语言推广力度进入了相对减弱的阶段。

第 7 章

汉语国际推广的案例研究
——以中亚地区为例

在汉语国际推广方面,不乏可用以研究借鉴的多种案例。从全球汉语推广情况来看,汉语推广在每个国家和地区所面临的环境与需要解决的问题有所不同,当然也有共性因素。本书具体研究分析的是一些历史上及现代的推广实践,并期待获得更多普适性的经验原则。选取中亚地区进行考察,是出于这一地区在"一带一路"背景下明显的研究意义和作用,同时汉语推广的优势在这些国家中也更为明显,对世界其他国家和地区中的汉语推广工作,也会有指导作用。

7.1 中亚地区汉语推广的现实背景

在"一带一路"倡议实施的现实背景下,在中亚地区进行汉语推广有着包括地缘、政治、经济等在内的多方面优势。这也是中亚地区汉语推广工作可开展性强、开展效果好、开展经验可鉴的原因。

7.1.1 地缘优势

中亚五大国占据了整个亚洲的中心地带,更有新欧亚大陆穿境而过,不仅体现出欧亚大陆相接与此,更是欧洲、南亚文明以及东方文明,也就是地中海文明的冲突以及交汇之地,所以"西方"同"东方"的结合部诞生于此。同时,在该地区生活的种族多达数百个,诸多文化共存于此,尤其是该地区处于整个欧亚大陆的心脏位置,占据了十分重要的战略以及地理位置,具有丰富的矿产与油气能源,世界各个大国已把其视为了利益战略的竞争之地,各个政治派力量已对该地区进行了重点关注。对于中国而言,塔吉克斯坦、吉尔吉斯斯坦与哈萨克斯坦连接了新疆,中亚地区同中国的关系以及发展与稳定等都对中国的周边安全产生了影响,不仅对中国的石油以及能源供给存在着影响,还对中国实施的西部大开发战略产生了作用。

中国同哈、吉、塔中亚三国之间的边界线达 3000 多千米,而且同乌、土两国也成为邻居。因"丝绸之路"的关系,为现在的交流奠定了良好的基础。不仅如此,跨界居住在中国领土的民族将近 10 余个,虽然在国界方面限制了民族的种群,然而民间却存在着较多的文化与经济等联系,存在着源远流长的交往历史。同时,在中亚各国开始独立以及苏联解体之后,由于中国的综合国力开始逐渐提升,经济持续发展,对于中亚各国而言,中国已开始发展为具有巨大影响力度的经济大国。

中亚各国同中国是邻邦友好关系,中国的西北地区在与中亚进行交流互通方面具备自然地域优势。以此为基础,中国与中亚各国在教育、能源、经贸、文化、交通等领域持续进行着发展与合作,并已达成构建健康发展、长期稳定、和谐与共的合作关系的共识。

7.1.2　政治优势

近几十年间,复兴中国的道路是应该面向海洋,还是立足于大陆,这一热点话题已成为国内学术领域不断激辩的内容。王缉思教授在 2012 年提出了"西进"的观点,其主张"在世界政治板块与地缘经济之间不断出现变化的前提下,必须要具备海权与陆权并行且具备全局性的新型地缘方案'再平衡'思维"。很显然,该主张明显不同于向海洋发展的传统形式,这种地缘战略主张兼顾了海陆两方面。而且还代表着国内对于相关的辩论已发展到了全新阶段。习近平主席在 2013 年 9 月通过哈萨克斯坦纳扎尔巴耶夫大学演讲明确指出:"为保障各国经济能够紧密联系、更加深入地进行合作以及空间发展得更加广阔,必须要通过合作的创新形式,对'丝绸之路经济带'进行共同构建,由线到片,以点带面,使大合作的区域逐渐形成"。在同年 10 月 3 号的印尼国会上又指出:"中国愿意加强与东盟各国间的海上合作,充分运用中国-东盟海上合作基金,对海洋合作的友好关系进行发展,一同构建 21 世纪'海上丝绸之路'。"至此初步形成了"一带一路"的发展方针。2014 年的 11 月,习近平通过互通互联伙伴对话会进一步提出了中国将以"容、诚、亲、惠"的理念为核心,利用周边国家的互通互联以及"一带一路"倡议,同周边国家共同创造"命运共同体"以及"利益共同体",完成中国同亚洲共同腾飞与繁荣的目标。同时,"一带一路"已正式成为中国的发展方针。根据国际目前的形势来看,对"新丝绸之路经济带"方针进行积极的推进,不仅能够维护中国的民族团结,又能对中国西部的能源安全与地缘安全进行维护。

最近期间,基于石油价格的波动、"伊斯兰国"的兴起、美国军队撤出阿富汗以及乌克兰发生的危机都对国际的格局产生了影响,中国建设新丝绸之路经济带不仅成为必然趋势,同时更带来重要的机遇。然而,中国一方面面对着机会,另一方面又存在诸多无法忽视的挑战,中国在推动建设并实施新丝绸之路经济带的同时,一定要做到未雨绸缪,不仅能抓住机遇,还能分析出潜在的障碍与挑战。只有在掌握国际政治发展趋势的前提下,才能够在顺应时代要求的同时,保证中国在国际社会中占据重要地位,提升综合国力。

7.1.3　经济优势

以古代丝绸之路为基础,针对目前的经贸合作形成升级模式的"丝绸之路经济带",已被世界公认为是一条最具发展潜力以及最长的经济走廊。作为横跨欧亚两大洲的"丝绸之路经济带"已被称之为横跨东西的经济大陆桥,使万里险阻变成了通途大道。丝绸之路在古代时期利用了三条线路对欧亚大陆进行了联通,而现在已经相继贯通了欧亚大陆桥的一号与二号线。纵观整条经济带,能够明显发现其存在着区段性特点:整个经济带一端紧系欧洲繁荣的经济圈,另一端又与发达的亚太经济圈相连,然而包含中国在内的中亚地区却是一幅经济凹陷的现象。因为"丝绸之路经济带"的中心地段就是中亚经济带。站在经济发展的角度,由于中亚地区整体的经济水平以及发展都较为落后,已成为"丝绸之路经济带"的凹陷区域,同时又呈现出了波动起伏较大的社会形势。不含中国在内的中亚地区在 2012 年拥有 6500 万人口,创造了 2987 亿美元的GDP 规模。上海合作组织在 2001 年成立之后,中亚国家的主要投资与贸易伙伴就变成了中国。因此,"丝绸之路经济带"的共建对于中国开发西部地区以及发展中亚各国经济十分有利,还能促进中亚各国的繁荣发展与和平稳定,进而实现在中亚地区对汉语进行大力推广的目标。

7.2 中亚地区汉语国际推广的落实情况

7.2.1 新丝路上的对外汉语教育工作实践

在中亚地区进行汉语国际推广的同时,中国国内的西北地区成为中亚汉语学习者最为密集的区域。中国在新丝绸之路沿线国家和地区开展了大量的对外汉语教育工作。

在开通海上丝绸之路之前,中亚地区与中国新疆就是丝绸之路以及东西方文明进行沟通的必经区域,这两大区域更是东西方文化进行传播的主要区域,还是世界各种文明进行融汇与接触的重要之地。近年来,中国西北地区尤其是新疆,在发展经济方面完全呈现出快速发展的态势,每年大约有 2000 余名外国留学生进入新疆各大高校进行学习。截至目前,新疆同中亚包含 15 所高校在内的各高等院校之间已经形成了校际合作的形式。同时,新疆顺势成立了推广国际汉语领导小组。在新疆,跨国境的民族数量十分庞大,而且这些民族同中亚各个国家的群众之间存在诸多的接触与交流,民族间的习俗以及文化与血缘之间存在着天然性的联系。这种地域毗邻以及民族自身所具备的巨大优势,为促进新疆同中亚各个地区在教育以及文化与经贸等方面的交流与合作奠定了良好的基础,更为其创造了诸多便利条件。

作为被古代丝绸之路贯穿整个东西部的甘肃省,对中国西北部各个地区进行了连接,形成了一种天然的纽带。自古以来,甘肃省就是一个多民族聚居,作为一个以汉族人口为主的省份,甘肃不仅包括占据总人口大多数的汉族人口,同时还包含满族、撒哈拉族、蒙古族、东乡族、藏族、回族、哈萨克族、保安族、裕固族、土族等多个少数民族。与此同时,哈萨克族以及蒙古族与回族同哈萨克斯坦、哈萨克斯坦的回族(东干)以及吉尔吉斯斯坦等联系与沟通等较多。不仅如此,甘肃省有很多高等院校,如西北民族大学、西北师范大学以及兰州大学都收有来自中亚各个国家的留学生,甚至有些高等院校还专门设置了关于中亚各个国家的研究组织机构,并把一批研究质量较好的成果推广出去。上述这些研究成果以及高等院校的对外汉语教育工作为中亚地区的汉语推广起到了积极的促进作用。

陕西省作为中国开发大西北的重点地区之一,在向中亚地区推广汉语的过程中,也发挥着积极的促进作用。在现代的"新丝绸之路"中,西安是连接新亚欧大陆桥的关键性桥头堡之一。西安市作为世界级的历史名城,一方面,曾经是整个亚洲文化的核心地区,另一方面,又因其历史十分悠久,具备了十分深厚的文化积淀,从而成为一座令无数外国人为之震撼和向往的城市。在西安的诸多高校中,不乏对汉语进行国际推广以及对来华留学生进行积极推动的优质师资力量。西安市对开展对外汉语教学与推广很早就进行了积极的实施,具备良好的对外汉语教学传统。诸多的回民同中亚地区的东干族以及吉尔吉斯斯坦族与哈萨克斯坦族存在着密切的沟通与联系,几乎每一年都会有大概500名中亚各个国家的留学生来中国的陕西省进行学习或生活。根据中亚地区的汉语推广及效果分析可知,对中亚地区各个国家而言,陕西省所进行的汉语国际推广,在一定程度上具备十分突出的优势和鲜明的特色。

7.2.2　中亚地区的汉语推广工作实践

要在中亚地区国家对汉语进行顺利推广,就必须以各个国家的实际发展状况以及语言的基本情况为出发点。不仅如此,还必须对各个国家的语言政策所存在的束缚以及影响等进行重点关注或者进行及时的规避等。例如,为使主体性质的民族语言文化得到积极的复兴,中亚地区的各个国家通过相应的国家宪法等将本国的国语就设定为主体民族的语言。国语的掌握程度如何,同中亚地区各个国家的公民进行升学以及就业与任职等一系列同语言相关的工作或者行为等都存在着密切的关联性。但是,该语言政策的实施,在中亚地区的各个国家中,因俄罗斯人要对曾经占据重要地位的官方语言,也就是俄语进行极力维护和积极争取,所以,所推出的这种语言政策立即遭到了诸多俄罗斯人的拒绝。例如,在中亚地区的哈萨克斯坦这一国家之中,使用俄语语种的民众占据了总人口的73%,却只有不足30%的人在使用本民族的哈语。因此,哈萨克斯坦为了使本国的语言——哈语能够得到极大的推广,制定了一系列语言政策,对于有些民族的中小学生而言,需要学习的语言可能已达四种以上,甚至更多。比如东干族的中小学生,可能需要对英语、俄语、哈语与东干语这四种语言进行学习。这就表明,如要把汉语推广到东干族中去,就必须同当地的实际状况进行结合,才可能将包含汉语在内的中国文化宣传并推广至民族聚居区内。根据对中亚地区的汉语推广效果的分析可知,必须在东干语以及汉语所存在的共同性质之上建立推广汉语的操作,确保中亚地区各个国家的学生在学习汉语的过程中,不仅能够感觉到有趣、好学,同时可以使学生深刻地感知到学习汉语的重要性以及实用性。对其他语言所造成的干扰进行努力避免或者排除,从而使学生学习过多种类语言的情况得到改善,尽可能降低学生的接受负担。

根据对汉语学习的实际市场进行的考察可知,因为中亚五国的相继独立,最终导致非主体民族俄罗斯同主体民族之间产生了各种矛盾,而其中,对之前所使用的俄语传统进行改变已成为最关键的问题所在。如果想要把国语设置为主体民族的语言,实质上就是要把其具体的民族地位提升到一定的高度,但根据实际情况来看,俄语的使用已然成为一种传统习惯或者交际手段。因此,汉语想要在这种语言市场的激烈竞争中进行大力的推广与传播,就必须具备有力的宣传方式,同时还需要有一定的辅助与支撑,使推广与宣传的说服力得到最大程度的提升。然而,在实际情况中,由于中亚各个国家的民众见证了中国快速发展的社会经济以及成功的改革开放,他们已深刻地意识到中国市场具有的巨大吸引力。如果中亚地区的各个国家想要在各个社会经济领域同中国进行广泛的合作与共同的发展,那么双方之间进行沟通的唯一有效桥梁就是汉语。目前,世界级的著名企业,如中石化以及中石油等已经向中亚地区各个国家进行入驻与投资。中亚各国民众通过中亚市场的实际情况,充分了解到汉语的重要性以及实际用途。因此,为了能够满足中亚地区现实及未来的发展需求,中亚年轻人对汉语进行学习的欲望和需求正在逐渐提高,中亚地区的汉语推广具备十分乐观的前景和非常广阔的市场。

对于由新疆派遣到中亚各个国家的汉语教育人员而言,必须要对对外汉语教学与少数民族教学之间所存在的共同特点以及区别等进行适当的总结与摸索,以少数民族汉语教学的成功案例或者经验为基础,对与中亚各国相近或者类似的民族开展针对性的汉语教学与推广等。同时,根据对少数民族汉语教学与对外汉语教学之间进行了详细的分析与比较之后,可以得出至少三大方面的共同特性:一方面,在教学标准(民考汉借用 HSK)以及内容方面基本上都类似;另一方面,具备共同的教学目标,也就是确保学习人员能够对汉语进行充分的掌握,从而能够具备汉语的实际使用能力;此外,就是教学对象的选取都是母语非汉语的人员,基本上都是进行第二语言教学。根据中亚地区的汉语推广与效果分析可知,在对中亚地区各个国家的学生进行汉语教学时,基于少数民族汉语教学所获取的教学经验必将具备一定的积极引导作用。

从相关调查报告可知,中国政府已开始越来越重视同中亚地区的合作,比方说,在安全、经济以及政治与能源等领域已经逐渐增加了好多共同的合作等。但是,同美国以及俄罗斯等国相比较而言,作为中亚地区近邻的中国,在发展文化的方面还比较落后。美国具有很多活动较为频繁的基金会,对政要子女进行赴美留学的安排;而俄罗斯也同样在哈萨克斯坦以及吉尔吉斯斯坦与塔吉克斯坦等国进行建设投资,设置了莫斯科大学以及斯拉夫大学等分校。同美、俄两国相对比发现,中国在前几年推进软实力方面时,进度较为缓慢,不仅如此,相对于政治关系而言,文化交流存在明显的滞后性。因此,即使中亚地区的国民同中国关系十分友好,但是却只了解到了中国的边角而已。直到最近几年,中国才对这一问题有所认知,因此,中国政府开始逐渐加大推进教育以及文化等软实力方面的力度与手段。同时,在汉语国际推广方面,中国迅速地把中亚地区选定为主要的目标。辅助乌兹别克斯坦在 2005 年构建了塔什干孔子学院,然后,在哈萨克斯坦又分别于 2006 年以及 2007 年建立了国立大学孔子学院以及欧亚大学孔子学院,且比什凯克孔子学院目前也正在筹划建设之中。不仅如此,中国在中亚地区的各个国家还想要对汉语中心以及孔子课堂等进行拟建。另外,国内的 20 多所高校已开始向中亚各个国家进行了分批的招生计划。其中,新疆师范大学、新疆大学、兰州大学、西安外国语大学等高校已面向中亚地区进行了重点的推进工作。

历史轮回不断发展,在半个世纪之前,中亚各国以及苏联等还在致力于把俄语传授到中国,而半个世纪之后,中亚各个国家的人们却努力地向中国人学习汉语。这种现象正是基于多元素的文化共存与互动、各个国家发展速度不同以及整体国际形势变更的必然趋势。这就表明,随着经济的强大、国家的发展,主体民族的语言文化魅力以及实用价值能够得到极大提升。因此,中国必须抓住形势与机遇,对中国西北地区所具备的历史文化优势、民族资源优势、地缘优势等进行充分的利用与发挥,积极工作,主动出击,在中亚地区不断扩大汉语教学的范围,对支持中亚地区汉语推广的志愿者或者教师进行更多的选拔。同时,还要对当地任教人员进行重点培训。减少向学生传授汉语的教学难度,以贴近双方习惯、生活方式以及思维为基础,对相应的教材进行合作编写;为确保中亚学生能够同中国教师之间进行交互式学习,必须要构建网络平台为其提供服务,即充分发挥计算机技术、互联网技术的优势,使其成为促进中亚各国对中国认知与了解的更加深入的平台。

7.2.3　汉语国际推广中的校企联合实例

1. 基本背景介绍

2014 年,中大中国石油公司(吉尔吉斯斯坦)炼油厂在吉尔吉斯斯坦卡拉巴德市东方工业园区正式出油生产。这是由陕西省能源化工企业陕西煤业化工集团控股、中亚能源有限责任公司投资、在吉尔吉斯斯坦注册成立的一家境外企业。生产初期,中国籍与吉尔吉斯斯坦本地员工分别约 300 名和 500 名。在实际运营中,公司深刻感受到在当地办好"走出去"企业的种种不易。究其深层次原因,语言沟通和文化相通是关键,也是造成"本土化"障碍的主要因素。主要体现在两个方面:一是生产经营方面,由于公司主要的炼油技术为中方掌握,配套各部门的骨干力量也集中为中方员工,所以在向当地员工进行生产业务培训、工作沟通时,存在效率低、效果差的突出问题;在市场销售方面,由于受俄语、柯尔克孜语沟通能力和营销网络基础的制约,中国企业在与俄罗斯石油、比什凯克石油等同行竞争时,存在很大的劣势。二是企业文化塑造方面,由于公司中除了中方员工,还有大部分来自吉尔吉斯斯坦本地和少量中亚其他民族的员工。在这些吉国员工中,大多使用俄语或柯尔克孜语,少数员工还会使用英语;而中方员工中掌握俄语的约占 20%,其中有中亚国家生活或学习背景、精通俄语的人约占 20%,还有大部分在中国国内学习过俄语或在吉尔吉斯斯坦本地生活过程中自然习得俄语的人员。由于存在语言沟通障碍,企业文化的包容性和延展性难以得到体现,具体表现为公司成立初期吉国籍员工对公司某些制度的不理解、不接受,中国师傅与吉国员工"一带一"过程中的磨合等。

在国家"一带一路"倡议下,位于古代丝绸之路起点的西北大学也一直在"校企联合"方面积极探索有效的教育合作方式,在了解中大中国石油公司(中大公司)的实际情况后与中大公司进行沟通。2015 年,西北大学与中大公司计划展开一项"丝绸之路经济带建设千人培训计划"(计划)方案,即用十年的时间持续为中大公司在汉语和炼油技术方面培养 1000 名员工,加强企业与当地文化交流,加快员工"本土化"进程,培养具有国际视野、通晓国际规则并熟练掌握专业技术的优秀人才,进而促进企业快速发展。

计划第一期,合作采取的是"请进来"的方式,吉国员工来西北大学进行学习。88 名中大公司的吉国员工在中国期间采用"理论＋实践"的模式,前四个月学习汉语,后六个月学习多门以石油化工类为主的专业技术课程以及贯穿其间的工厂实习。回到中大公司后,这一期中的优秀学员在本职岗位(包括行政办公岗、车间操作岗、化验消防等)上发挥了很好的示范及带动作用。

计划第二期,合作采取的是"走出去"的方式,由西北大学选派汉语言和炼油技术工艺专业的老师前往中大公司,根据企业实际需要为中大公司吉方员工进行中国文化、汉语、企业管理及一定专业技术的多方位培训。此次参加培训的员工有 100 名左右。

2. 案例研究方法

在此案例中,采取访谈调查定性研究的方法,通过参与两期计划实施过程深入调查、对多个对象进行访谈完成。定性调查的目标是反映关于研究主体尽可能多的整体质性信息,因此,在调查中的目标是达到"最大差异的信息饱和"的程度,以及由此获得的"研究主题的归纳程度"(潘绥铭)。调查力求取得可能得到的足够有效的吉国员工所包含的信息,以期待对调查目标"汉语推广效果"的质的方面加以考察。

在调查中,调查者参与了第一期在中国国内的汉语培训课程的实施,以及第二期在吉尔吉斯斯坦中大公司内部的汉语培训课程的实施。在两个过程中对 62 位具有代表性的吉国人员进行了访谈,访谈的方式包括列单式的程序问答与为防止言表缺失而进行的开放式交谈,尽可能地收集到多样化、多角度的信息。

3. 调查结果及分析

62 位受访对象包括 21 位有在中国学习经历的员工、32 位中大吉国公司在职学习汉语的员工、6 位未系统学习过汉语的员工和 3 位精通俄语的中国员工。根据访谈结果对信息加以梳理,可以归纳为以下几点。

(1)有过中国学习生活经历的人员,对中国以及汉语有明显的好感。在中大公司的工作中,与中国同事合作、学习新技能的诉求也更高。

(2)在中国曾学习"汉语国际教育"专业的员工,回到本国后并没有从事汉语教师的职业,主要原因是在本国相关职业的工资水平没有竞争力。

(3)在中亚国家有学习生活经历、精通俄语的中国员工,对公司的吉国员工有更大的包容性,在工作和生活中更容易沟通与合作。

(4)吉国员工开始学习汉语的一大主要动力来自实际工作的刚性需求,以及周围大量的中国朋友,这样的动力也使得他们在学习汉语的过程中更容易坚持下来。

（5）曾有在中国生活经历的吉国青年人来中国学习汉语,许多家庭不止一个孩子学习过汉语,对中国与汉语的热情有连锁效应。

（6）从中大公司辞职的并懂得汉语的员工,换工作的主要原因包括家庭住址和工资水平,他们的新工作绝大部分与中文相关,离职员工也会将中文在新工作中当作一个有利条件。

（7）当地的汉语教育主要在高等院校及孔子学院开展,中小学阶段的孩子接受的语言教育除了柯尔克孜语外,主要为俄语和英语。

（8）与中国陕西有着历史渊源的东干族员工,在汉语语音交流中障碍较小,但语言文字方面的教育需要加强,他们本身在汉语教育方面也有着很强的需求。

基于以上几点,我们可以得出:第一,文化和语言在实际生活中的相通和互促作用远远超出我们的想象。校企联合对外国员工进行培训,是语言推广的一个非常有效的途径。相对于教师"走出去"进行汉语推广,把学生"请进来"进行体验式的学习,从长期效果来看更具有意义。生活体验、民心相通、语言学习会形成一个良性的有效循环。第二,外语在一国基础阶段的教育不容忽视。这一方面与语言学习的自然规律相关,另一方面也直接关系到外语学习者学习活动的系统性与持续性。第三,汉语教师在一国汉语推广中的作用需要加强。加强对外国汉语教师的培训工作,可以考虑展开中亚各国汉语教师培训项目,跟踪考察来华学习汉语国际教育专业的留学生回国之后的职业选择问题也非常值得思考。第四,核心人物(如家长、车间主任、班长、师傅等)的影响作用有很大的发挥空间,进而可以减少误解、增进融合、降低沟通成本。同时,核心人物在汉语学习方面的示范引导作用也很大。

7.3　中亚地区汉语国际推广的收益分析与评价

从宏观角度来看,语言国际推广可以被理解为语言产业在国际上的实现过程。有分析和研究表明,从直接的 GDP 变化到潜在的连锁收益,语言产业的发展可以促进社会的经济增长与发展。从这方面来说,汉语国际推广的收益也不仅仅是来自某一方面的。

7.3.1 经济收益

经济发展与语言活动之间的关系极为密切,一方面,经济活动加剧了语言发展的速度,另一方面,语言发展同样也为经济活动提供了交流平台与传播媒介,并且还能促进语言的进一步发展。由于实施了汉语的国际推广,我国政府与海外国家的合作及谈话得以促进,国家之间的贸易往来实现了一定的经济利益,实现了国家的合作共赢。如果一种文字语言被人们大面积地使用及推广,一方面,意味着这个国家政府在语言文字工作方面可以节省可观的资金投入的同时,也可以为国家的经济发展积累一定资金。汉语的国际推广,有利于提升中国与其他国家的合作频率以及资源互换的利益,进而削减中国的教育成本,有利于中国的经济发展。另一方面,一种文字语言被人们大面积地推广及使用,还表示该国在国际领域会谈工作中拥有更多的话语权和主动权。汉语的国际推广,可以潜移默化地降低中国与各国的对外贸易成本,增加中国与各国的对外贸易机会,从而为中国更好地参与经济全球化打下稳固的根基。汉语的国际推广活动还会增进中国和其他国家的相互沟通与信任。从这个方面来讲,汉语的国际推广活动能够保障中国未来的资源及资金的安全,这对中国在经济全球化进程中的发展意义深远。

(1)汉语国际推广活动能够产生巨大的经济价值,具体表现在中文语言的教学工作同样也是语言文化产业的重要组成部分,在一定程度上可以促进教育产业以及文化产业的进步。从 2004 年开始,在借鉴英、法、德、西等国推广民族语言经验的基础上,中国国家汉语国际推广领导小组办公室已经在全世界范围内开展了汉语教学工作,截至 2017 年 10 月,涵盖了 142 个国家,共设立了 516 所孔子学院以及 1076 个孔子课堂,全球覆盖率为 61.7%。其中在欧洲孔子学院的覆盖率最高,达到 93.5%,在亚洲为 55%,覆盖率最低的地区为大洋洲,覆盖率为 25%。全球范围内学习汉语的人数越来越多,汉语的软价值也随之显著提升。短期来看,孔子学院在语言文化推广上的经济收益不是核心,甚至不排除在一定阶段可能为负数,但从长远看,在汉语推广实现了一定程度的发展之后,规模经济就会显现。近五年来,"一带一路"沿线国家是全球孔子学院和孔子课堂增长速度最快的地区。相比欧美,中亚五国更需要孔子学院。目前中亚五国中已有四国开设了孔子学院,从 2005 年中亚第一所孔子学院成立至今,中亚地区已开设了 13 所孔子学院和 22 个孔子课堂。根据欧美国家教育发展经验,结合中亚国家实际调研情况来看,教育服务有极大的发展空间和领域,中亚国家希望中国可以在当地开办中国大学,在语言推广的基础上进行全方位的人才培养。

(2)汉语的国际推广为中国企业提供了发展机遇,并且带动了就业率。中国的汉语推广活动主要采用了"引进来"与"走出去"相结合的发展战略,一方面在海外设立孔子学院与孔子课堂,另一方面,中国国内高等院校招收大量海外留学生以及热爱中国文化的社会人员。相关统计结果显示,2001 年,来中国进修学习的海外留学生人数为 29 万余人次,留学生来源于 194 个不同的国家和地区,主要分布在我国 660 多个高等院校以及科研机构。汉语推广期间,来华留学生规模持续扩大,到 2017 年,来自世界 204 个国家和地区的外国留学人员已达 48.92 万名,其中 88％为自费生。第一,从一定程度来说,这些留学生的来华进修推动了中国国内的经济发展,产生了巨大的经济价值。除海外留学生基本的生活消费外,大多数留学生还要承担高额的学费,有一部分人还会利用空闲时间进行外出游玩,体会中国的历史文化等。第二,海外留学生来华进修学习,也给中文语言培训组织机构带来巨大的商机。除了高校内的语言教育,汉语语言技能(包括汉语水平考试应试能力)培训市场在进一步扩大,经济利益显而易见。据相关行业专业人士描述,中国的中文培训市场发展前景良好,保守估计可以产生年 50 亿人民币的经济价值。第三,汉语的国际推广活动还创造了更高的就业率,其中包括国际中文教师的任用,以及相关的印刷行业、交通运输行业。我国高等院校的毕业生,尤其是中文系学生,可以多一条选择的就业途径,即国际中文教师;对中文教学课程中的教材、音像等资料的需求,可以推动印刷、出版行业的发展;来华进修学习的留学生,按照每人平均一年回国一次来设想,产生的交通费用在一定程度上可以带动交通运输行业的发展。第四,随着"一带一路"倡议的实施和发展,更多的中国企业走入中亚地区,在当地设立公司、开办工厂,中资企业中的本土员工掌握汉语,不仅可以直接降低企业运营成本,更可以促进生产经营在本土化过程中的顺利进行。

(3)汉语的国际推广宣传活动有助于提升中国的对外贸易数字。如果一个国家的语言在另一国得到了较好的发展,那么该国对目标国的贸易和直接投资活动会得到有效增长(连大祥)。这也表明,对各国孔子学院以及孔子课堂的资本投入从一定程度上会影响我国的对外贸易。而事实上,孔子学院在大力进行语言推广的同时,更承担着促进全球贸易关系发展的作用。如果按照欧洲国家与西方国家语言推广的相关经验,可以推断,汉语的国际推广将会收获巨大的经济利益。值得关注的一点是,对于"一带一路"沿线中的中亚地区来说,汉语有着较高的语言和文化的信任度,同时,在中国企业长期投资的决策中,人力资源成本以及交易语言成本是考虑的关键性因素,因此,汉语推广所带动的国际贸易和直接投资的作用,将明显高于其在其他发达国家中所得到的效果。在更长的未来中,汉语在中亚地区的推广对中国与中亚各国间的跨境贸易、跨境投资都会产生深远的影响。

7.3.2 政治收益

众所周知,语言文字与思想体制联系紧密,但很少有人能够清楚地认识到语言文字亦关乎国家政治。语言文字必须具备开放性这一特征,也就是语言的多样化,这也是政治开放、言论自由的表现形式。加强汉语的国际推广工作有利于扩大中国的政治影响力,汉语语言作为中国的主要语言,具有官方性、普遍性两种特征,且在我国向海外传播各种新闻信息的过程中,主要是以汉语汉字作为其传播媒介,因此,要提高我国的国际地位,必须加大对汉语语言的传播面积、途径以及方法,提升汉语语言的交流地位。经过长达 5000 多年的发展可以看出,早在唐朝时期,汉语语言就已经走出中国,迈向了世界大门,玄奘取经,先后到达了印度等各国进行拜访游学,并在 1625 年出版《西儒耳目资》等书籍。有着深厚底蕴的中国语言和文化在很早的时候就已经影响了其周边的国家和地区,其随着中国的国际声望的提高也越来越响亮。在世界全球一体化的时代背景下,特别是在"一带一路"倡议实施背景下,在与世界各国的交往中,中国在提升国家实力的同时,发挥大国发展意识,高度关注汉语的国际推广工作,并在必要的时间阶段进行了相应的调整和改进,在一定程度上加强了世界各国对中国的认可及了解程度,提升了中国在国际发展中的地位,加大了中国在国际会议工作中的话语权。

汉语的国际推广活动会带来深远的多维收益,主要表现之一包括中文的国际推广活动能够促使中国更好地站在国际舞台上,让全球范围内更多的国家和地区认识中国,塑造一个良好的国家形象。同时,恐怖主义所散布的一些负面问题也会迎刃而解,20 世纪 50 年代,美国曾经对外传播的"中国威胁论",也就是民主革命如果取得胜利,极有可能会在东南亚地区产生多米诺骨牌效应,进而对美国构成威胁。朝鲜战争爆发后,美国呼吁世界各国"抑制共产主义在亚洲传播",并在联合国理事会传播不利于中国发展的偏激言论;在与苏联关系恶化的时期,苏联也向外传播过"中国威胁论";韩国政府的说法为,假设中国国际地位提高,经济实力发展,产生的作用便会对韩国带来严重的威胁。尤其是战争过后,朝鲜半岛被分成南北两个部分,"中国威胁论"便自然而然地被韩国人普遍接受。与上述言论相对,日本前首相在北京进行演讲时驳斥了"中国威胁论",认为中国的经济发展给很多国家带来了发展机遇,日本与中国以后不会跃居为军事强国,因此不会构成威胁,应该向着和平共处、共同进步的方向进行合作与交流。语言的推广在其中发挥了多大的作用未能明确,但可以肯定的是,汉语的国际推广活动为中国传统文化迈向全球奠定了稳固的基础,打下了强有力的根基,为中国迈向全球这一过程给予了有效的保障。"一带一路"倡议所推行的是不同于霸权主义、强权政治的新型国际关系和全球治理模式。汉语的国际推广,有助于加深中国人民与海外人士的共识,促进双方的感情,使各国人民更加文明、友好地对待彼此。

7.3.3　文化收益

汉语的产生与发展源远流长,历时五千多年,在丰富的社会文化和历史资源的作用下,孕育出汉语语言模式,形成现有的语言模式与思维框架。在对汉语语言文化进行国际推广的同时,中国渐渐为传统文化营造出有利的社会氛围,这一方面有利于维护中华民族的社会凝聚力,形成特有的民族精神,另一方面在一定程度上为中华人民与其他国家人民搭建了文化桥梁,有利于促进民族情怀的互通与共融。

(1)汉语的国际推广活动会对中国传统文化产生一定的积极影响,两者相互依存、共同消长。汉语在全世界范围的广泛传播,也使得更多的国际友人越来越认识到我国经典的传统文化,使优秀的中国传统文化为世界各国所熟悉,满足世界各国人民对中国传统文化的好奇心,同时,中国文化在国际传播中提升了中国人民的文化自信感,增加了海外同胞以及大陆人民的民族荣誉感,增强了中华民族凝聚力。

(2)汉语的国际推广,有效化解了国际交往中的跨文化交际壁垒。"一带一路"沿线上的中亚五国,与中国在历史文明与文化发展中有相通之处。具有悠久文化历史的乌兹别克斯坦,在历史上是异质文明的交汇之地,设在其首都塔什干的孔子学院更被中国国家汉办评选为全球最佳孔子学院。这一文化背景,为汉语在当地的推广工作提供了很好的基础和便利条件。生活在哈萨克斯坦、乌兹别克斯坦和吉尔吉斯斯坦边界处的东干族(陕西村人),由于和中国文化的天然联系,也是汉语国际推广的涵盖对象,在中国与中亚各国文化交往中起着很重要的纽带作用。

(3)随着汉语国际推广的进行,知华、友华、爱华的国际群体不断成长。汉语作为世界各国用来认识与了解中国的主要媒介和文化传播载体,得到了来自世界各组织的语言关注度,加速了中国文化的进一步传播。汉语的国际推广,会给中国的文化领域带来积极正面的作用。从根本上来说,中国经济发展进步的外部环境主要建立在世界各个国家对中华文化认识与了解的基础之上,如果其他国家对中国没有充分深刻的认识,那么中国改革开放政策很难得到有效实现,我国传统文化以及文化产品也将很难进入国外市场。加大汉语语言的国际宣传推广,严格意义上来讲是推动中国经济发展与进步的必要措施,是增强中国经济实力的重要组成部分。因此,汉语语言的传播对于我国的发展有着非常重要的影响。

通过以上三个角度的具体分析,可以得出以下结论:开展语言的国际推广工作不仅可以增强国家的政治实力,还可以加快国家经济发展的步伐,促进社会文化的传播,语言所创造的价值不容忽视。虽然语言创造的价值仅有一部分能够被货币化,但是其无形价值会给国家政府以及社会发展创造更加有利的条件。这种无法被货币化也无法被具体量化的价值,在国家经济、政治、文化建设中是重要的、最基本的内容。从另一个角度分析,政治、经济与文化三者之间联系紧密,经济是最为基础的内容,而包括政治以及文化的上层建筑也会反作用于经济基础。经济实力决定政治方向以及文化水平,政治制度与文化水平反作用于经济基础。汉语的国际推广存在于全球经济、政治和文化的三维发展空间之中,在"一带一路"倡议实施的背景下,由于在中亚地区所具备的独特优势,汉语国际推广在其中所取得的收益也会呈现放大的趋势。

第 8 章

促进汉语国际推广的政策与措施

语言的国际推广是一项系统而长远的工程。汉语国际推广要取得良好的效果与政治经济收益,首先要有科学合理的语言发展规划,其次要确立工作思路与战略布局,最后要以具体可操作的各方措施加以保障。

8.1 明确语言发展规划

语言国际推广是一国语言规划的一部分,语言规划中的母语规划观、服务规划观及规划体系应成为语言推广工作的宏观指导。

8.1.1 母语规划观

母语是指社会个体自幼采用的语言,是能够代表本民族文化特色的一种交流工具。母语规划观是指社会对母语所进行的有组织的管理方式和规划理论。在之前的语言规划理论中,其主要是确立统一的官方语言以及运用一致的语言文字,克服语言文字的多样化。并且,语言规划是站在整个国家以及民族的层次高度来进行检验,其管理模式是从上到下依次进行的。目前而言,"语言"的辨识度相对较低,因此"母语"并不能作为语言规划含义的明显观点。母语本身所具备的功能性以及相关性两大特征,加之母语对内部和外部均起到了关键作用,这两方面的内容从一定程度上给予了语言规划管理一个全新的视野。针对当前语言规划的时代背景与管理目的,人们一致认为:在语言规划的组建领域、战略实行领域以及处理语言难题方面,母语具备着独特的作用与价值。

母语规划观的本质为在母语范围的选择下,以母语为中心对设计语言发展规划进行规范的理念。语言发展规划的传统方向重点在语言生活的纯化以及使用语言的统一性,其中内隐的克化目标就是语言的多样性。同时,母语规划观以民族或国家的整体角度对语言发展规划进行考量,其管理形式采用了自上而下的方法,不具备足够的"语言"区分度,因此在语言发展规划的具体概念中不具备对"母语"的显性诠释。然而,母语在个人、民族与国家等角度同时具备对外标记意义与对内认同意义,以及其本身所具备的多相关性与多功能性,为语言规范的优化展示了新层面。通过对目前语言发展规划的发展目标以及背景因素进行综合调查得知,在语言发展规划政策的落实以及理论的构建甚至解决语言问题中,母语都具备了特殊的价值与功能。

1.母语规划观有利于维护国家安全

母语规划观与祖国的安全息息相关,密不可分。自 20 世纪 20 年代末,由于全球政治、经济实现了一体化,人口实现了跨国流动,网络信息技术的迅速发展以及民族恐怖主义的泛滥等因素,从一定程度上对世界各国的国家安全产生了冲击,其中,语言安全和文化安全两方面最为突出。下面逐一地分析语言安全与文化安全。

(1)母语规划观有利于语言安全。

20 世纪 90 年代后,随着全球化势力对人类社会影响层面的扩张,导致了一系列的语言安全难题,其中包含语言组织架构与语言生机。在经济全球化的发展过程中,美国、德国等发达国家占有明显的优势地位。以美国为例进行说明,作为目前世界上的头号强国,美国政府部门试图在政治领域、经济领域、文化领域对发展中国家进行远程操控。从文化领域展开分析,英语作为美国的母语,如今已悄悄地渗入到世界各国的教学工作以及生活领域,破坏了其他国家语言文化体系的平衡。尤其是对母语的打击,一定程度上影响了母语的名望,破坏了固有的语言组织框架,在引进英语的同时也使得社会公民的母语水平下降,最终导致了母语危机这一现象。例如:纳米比亚人在接触外来语言后,便逐渐地抛弃了母语,不再为说母语而感到骄傲。另外,全球化发展战略背景下,弱势语言(弱势语言主要包含土著语言以及少数民族语言)在进行转化的过程中渐渐衰落,大部分弱势语言慢慢地失去活力和生机,甚至有些已经处于濒临灭绝的地步。发达国家与发展中国家的对比越来越显著,形成了强国越来越强、弱国越来越弱的尴尬局面。国内一些少数民族语言受到外来语言以及国内标准语言的双重打击,少数民族的语言也逐渐变成弱势语言,维护与发展少数民族语言已经刻不容缓。因此,社会需要高度关注母语,在语言规划过程中必须着重提高母语的核心位置与自身价值,这样一来,将有利于实现语言安全的稳定。

（2）母语规划观有利于文化安全。

从功能上进行划分,语言规划可分为器械性规划和文化性规划。因为一些社会因素和历史因素,如今的语言规划基本上采取器械性规划,充分描绘了"民族特有语言"与"国家标准语言"在国家政治、经济发展中的良好前景,具有十分重要的作用。但是另一方面,严重忽视了文化性规划的建设工作,导致母语地位的衰落,影响了文化安全。所以,必须将器械性规划与文化性规划有机组合,重新定义母语规划观。

目前形势下,人们越来越意识到必须维护好全球语言的平衡,也认识到必须保持全球语言的多样化,这从一定程度上有利于保护文化遗产,丰富世界文化,促进健康发展。正是由于民族语言的存在才实现了全球语言的多样化,而文化多样化的首要条件就是语言多样化。所以,保护与发展母语是当前面对的重要课题。2001 年 2 月 21 日,联合国设立了世界母语日,并且相继提出了《文化多样性宣言》《普及网络空间使用多种语言的建议》,进而要求世界各国实施必要的举措以达到维护文化多样化的目的。据研究结果分析,俄罗斯、阿富汗以及匈牙利等多个国家已经出台了明确的法律文件,在宪法中进行了补充,实行这一措施的根本目的是为了保护语言安全。

2. 母语规划观有助于统摄语言规划系统

语言规划系统包括四种组织形态,分别是语言地位、语言个体、语言名望以及语言习惯。但是需要将这四者进行有机整合,这就意味着语言思想层次必须相一致,并且设计出相同的语言规划体系。就语言地域分析,全球化战略已经破坏了传统的语言地域分界线:社会公用语言文字刻下了很深的媒体时代印记。所以,经过时间的沉淀,各个地域的语言生态环境极为复杂,需要学者贯彻执行母语规划观点,并且随着时代发展进行更新,进而从根本上提升规划能力。母语规划观可以转变语言规划的视野,从社会整体向社会个体进行过渡,实现语言规划和社会生活、社会公民的直接挂钩。这是语言规划观最重要的意义。

如上文所述,以往的语言规划是站在整个国家以及民族的高度来进行检验,其管理模式是从上到下依次进行,"社会整体"观点是指站在宏观的角度来确定的语言规划观点,针对国家实际需求来确立的语言规划观点。"社会整体"这一观点具有显著的优点,即实施方法相对简单,可以明确出该时间段的难题与矛盾;但是,同样它也存在着很多缺点,主要表现为:社会个体体会不到这种观点与自身的联系,妨碍了语言标准的实施,不利于实现语言的多样化以及语言与文化的相互交接。

母语规划观念增加了"社会个体"这一新型观点,新型的母语规划观是指语言规划观点以社会个体为基础条件、其战略目标不变的一种观点。"社会个体"是站在微观的角度,先从社会个体入手,然后到达社会整体的高度。该种观点同样是根据国家的实际需求实现建立,并且针对大部分社会个体的语言运用能力、社会生活设计的一种语言规划观点。这种新型的语言规划观点弥补了传统观点的不足,其优点为"化零为整",运用"母语"这一基本定义提升了对规划观点的认可及规划能力。

8.1.2　服务规划观

如上文所述,目前语言规划观点中已经产生了服务规划观的萌芽,但是由于自主意识不强烈,缺乏必要的理论基础和社会实践,服务规划观并未成为语言规划观的核心内容。所以,学者必须确定服务宗旨,才能使"服务规划观"上升为最核心的观点。

1. 为社会发展提供基础服务

目前为止,人们已经对语言有了更加深刻的了解,语言不仅仅是文化传播、信息交流的一种媒介,还是一套强有力的革命装备、一个丰富的资源库和国家发展的工具。语言规划最重要的任务就是为政府提供安全保护、促进经济发展、弘扬特色文化以及提高科学技术等。这就表明,为了满足所有方面的基本需要,语言规划观不仅规范了语言文字,还在语言应用与测试评价方面进行了一系列补充。语言文字在规范的同时,也需要考虑其他因素,即怎样适应行业发展的需要,开展具有针对意义的研究工作,最终完成国家的发展战略。

2. 契合自媒体时代语言服务发展

由于当今社会处于一个信息化时代,加之前面提到了自媒体时代的公用语言特点,这些要素从根本上决定了语言规划观的核心内容要发生改变。因此,新型的语言规划观点也随之发生了改变,其中一个重大改变就是语言规划原则,已经从"从俗从理"原则向"从易处理"原则过渡,以此来满足自媒体时代的基本要求。另外,如果本次语言规划观的出发点仅仅是管理方向与目标,则很难被自媒体平台所接受认可。所以,必须进行身份的改变,以服务视野为其出发点,实现语言规划的最终目标。自从进入 21 世纪后,伴随着网络电商行业的发展、语言地域的复杂性以及奥林匹克运动会等大型运动的开展,社会语言的服务要求越来越高,语言消费项目与服务也随之增加。例如:国外游客来我国旅游、参加贸易论坛,需要专业的翻译人士进行讲解工作,语言服务行业随之诞生。

3. 在本体规划实践中落实"服务观"

本书全面具体地论述了本体语言规划观在整个系统中的重要作用,也就是指语言地位和语言习惯。需要明确语言规划的语言习惯和语言标准,这些方面也是规划实施的重要依据。从规划内容与实际操作来看,本体语言规范观包含了两种规范形式:政策性与应用性规范。所以服务观必须在本体规划观念中得以体现。

(1)本体规划制定:动态更新内容。

①必须树立语言服务理念,针对社会生活模式,调动与改正本体语言规划观的具体内容,在保证语言规范模式稳定的基础下,推陈出新,及时对规划内容进行调整。②划分不同的板块,以此来合理地确定出不同的服务功能,包括语言规范性、工业标准化、给予完善的质量体系。语言规范性可以顺应科技发展的方向,要给予其专门的语言文字服务和国家政府的支持,进而全面确保语言文字模式平稳有序的发展。

(2)本体规划施行:语言服务纳入语委工作日程。

本书所提出来的语言规划具体环节,主要表现形式是语言服务观,语言服务这一观念最有效的方法就是为语言地域给予一定程度上的公用语言、实行有效合理的监督工作,将其纳入专门的语言规划组织,即国家语委会与地方语委会。

由于语言社会生活的变革以及语言规划观念的改变,组织部门工作的核心内容也随之发生了相应的改变。在本书所提到的语言规划体系两个不同的发展阶段下,国家语委、地方语委的基本工作就是推广普通话和社会文字规范管理,其中推广普通话工作包括普通话的推广普及以及 PSC。迈进第三个发展阶段时,必须将"语言服务"这一词汇作为日常管理的重要内容,不仅仅需要给予专门的语言服务,其中服务内容包括政策培训、咨询与检测,还需要进行实时监督指导工作。

8.1.3　优化规划体系

1. 依据与理论

前新加坡总理李光耀在其自传中曾指出：随着社会的与时俱进，语言政策必须进行相应的演变，推动经济政治的发展必须借助语言政策。同时，还要使其发展成为能够满足国家需求的重要方式。作为国家语言发展规划战略性基础的本体规划，提供标准体系与规范体系必须依照社会经济的需求对规划重心与结构进行动态调整。之所以对语言领域规范化加强进行提倡，主要因素就是本体规划同传统地位规划之间，一直都不具备将该两种规划进行贯彻落实的部分。Ricento明确指出："语言发展规划实践未被充分讨论，也就是缺乏评估特殊语言的政策、实施以及发展等。因此，此为研究语言发展规划之所以能够被理解的方面，以及所遗留的问题。"之后，李宇明对功能规划进行了研究，将语言文字变体划分成 5 大主要类型，而语言的应用被划分成 8 个功能区并进行匹配。至此，完整的规划模型开始出现，但其仍属于地位规划的一种，依旧缺少语域、语言及后续细化的相关规划。

2. 实施措施

在政策规划中，领域规范化模块相当薄弱。诸多领域不但缺失权威性规范，而且具有较大的随机性，公共译写及体育等方面的文字语言规范大多为"临时起意"，对于调查的系统规划十分欠缺，经济社会影响力度不够。所以本书以此制定了相应的措施与战略。

（1）对语言领域规范化的欠缺进行全面分析。实质就是对同语言文字相关却不具备统一规范的领域进行统计与调查。由此可知，国家语言文字工作委员会（简称"国家语委"）不是规范化领域的唯一主体，负责各领域的国家行政工商管理局等各部门是主力，使规范进行相互协调后会变得更具备适应性与普遍性。

（2）对现有领域内的语言规范进行更新。由于现有语言规范缺乏重修内容，使其刚好同各自板块的需求与特征相反。例如，商标文字和包装规定：中国文字改革委员会（现为国家语言文字工作委员会）以及工商行政管理局于 1958 年 9 月发布的《关于在商品包装与商标图样上加注汉语拼音字母的联合通知》，根据当时《汉语拼音方案》推广政策的相关要求，规定必须在商品的包装或者商标上加注汉语拼音，此行为只是为了响应"在商品包装和商标中加注汉语拼音能促使字母家喻户晓,深入群众"。其目的显得本末倒置。国家工商行政管理局以及国家语委在 1987 年 9 月颁布了《关于规范商标用字若干问题的通知》,对汉语拼音的使用以及汉字进行规范就是主要目的,之后再未更新过该项规范。随着经济的发展,传统规范已不能满足经济需求。

(3)对领域语言规范进行细化。现有的领域规范涵盖面不全,措辞笼统。比如《关于规范商标用字若干问题的通知》没有对汉语拼音是否必须使用进行详细说明,拼写规则没有实际要求,是否加声调也没有进行强调,致使商标拼写处于十分混乱的状态。此外,出台《通用规范化字表》后,就是否对原有领域规范进行重新修订,具有巨大的经济讨论意义。

8.2　确立发展思路与战略布局

8.2.1　发展思路

在当今时代的发展过程中,世界各国均面临着一个共同的政治、经济局面,不管该局面有多么复杂,如果一个国家能够在国际领域占据优势主导地位,那么该国一定具有雄厚的政治实力、经济实力、科技实力以及国防实力,而且还具备了雄厚的语言文化实力。当今的国际形势空前严峻,全球文化也在不断地扩展与提高,各国竞争也愈演愈烈。在此阶段,如果要提高国家硬实力,那么就得需要国家软实力的大力支持。文化领域的发展是各国在世界竞争中取得胜利的基本前提与后方保障。文化产业的发展主要是以语言文字为载体,文化产业与该载体在一定程度上决定着该语言文字、该国家与该民族文化的世界地位。因此,汉语语言的国际推广工作具有十分重要的战略性意义,必须得到国家政府的高度重视;汉语语言的国际推广工作也应该拥有一个明确合理的战略定位。

2013 年 11 月 9—12 日,中共中央总书记习近平在北京组织召开了中共十八届三中全会,会议提到了以下内容:需要全面贯彻执行相关改革计划,并且还需要加大开放力度。汉语语言的国际推广工作必须建立一个全新的起点,在此基础上,把握住发展机遇,审时度势,全力谋划,科学发展。汉语语言的国际推广活动的实现需要围绕着我国的经济、政治、文化以及思想建设发展,充分了解与掌握当今的国内外发展形势,并且结合我国在国际领域的地位与影响力,才有助于我国确立合理、合法的汉语语言的国际推广总体目标与基本任务,合理部署,稳步提升,为我国小康社会的建设目标以及国际大国的建设目标奠定基础,提高其服务水平。

①政治局面是汉语语言国际推广活动的基本条件。政治局面对汉语语言的表现形式有以下三个方面:一是对汉语语言方式产生了影响,主要包括汉语的传达方式以及表现方法;二是对汉语语言兴亡产生了影响,政治利益集体的出现与消失在一定程度上会影响到汉语兴亡;三是对汉语语言地位产生了影响,政治权力的地位调整在一定程度上会影响汉语地位和公众对汉语的看法。

②经济水平是汉语语言国际推广活动的后援支持。汉语语言与经济水平相互融合、不可分割,经济水平在一定程度上可以促进汉语语言的形成与发展,另一方面,汉语语言也会反作用于经济水平。

③文化实力是汉语语言国际推广活动的根本内容。汉语语言与文化实力两者之间相互依赖、相互作用。汉语语言是中国传统文化的重要载体,文化又在一定程度上制约了汉语语言。

现今,中国不仅积极地融入国际事务当中,而且主动地担负起国际责任与义务,倡导世界和平与发展。中国政治、经济地位的提升也进一步使中国的传统文化融入世界文化中,汉语语言的国际推广活动也拉开了神圣的帷幕。《孔子学院发展规划(2012—2020)》指出,应该确立一个合理的国家战略,制定出完善的汉语语言国际推广战略目标,主要包括两方面内容,分别为宏观战略目标与中期战略目标。通过分析研究宏观战略目标,可以确立汉语语言的国际推广活动的宗旨、目标与根本目的,其宗旨为传播民族文化与民族语言,其目标为世界各国接受中国文化与汉语语言,根本目的为促进全球人民与中国人民的友好往来,以及共同构建一个和平发展的世界。为了贯彻执行该理念,中国实行了相关的政策,在世界各地建立孔子学院与文化中心,宣传中国的传统文化,加大对语言文字与中国文化的宣传力度,使之渗入到各个国家的经济发展中;另一方面,还将汉语语言的传播范围进一步扩展,加强与所在国家学校的紧密联系,共同分析研究汉学文化与中国问题,从而推动中国传统文化的翻译研究、传播研究以及理论研究;最终在世界范围内打造出一个良好的局面,建立一个具有亲和力、社会参与面广、无形的"文化认同体制"。

具体到教学方式和模式上而言,为使世界汉语市场的需求得到满足,必须以加强中国对外汉语教学组织人员管理为根本前提,使汉语能够切合实际地发展成能被广泛应用于国际社会的语言。为此,中国对外汉语教学工作一定要做到"六大转变":将以纸质教材当面授课为主的教学方法转变为以充分利用网络多媒体、科学信息技术为主的现代教学方式;将以政府行政为主导的市场运营转化为以政府推动为主的模式;将以教育系统内推的机制转变为向国内外、民间与政府以及教育系统内外一起推广的机制;将专业汉语教学的理念转变为应用型、普及化、大众化、针对化的汉语教学;将"请进来"学汉语的重心转变为加快"走出去"教汉语的进程;将对外汉语教学的发展战略转变为向国际全方位推广汉语的模式。

8.2.2　战略布局

促进汉语的国际推广,需要进行战略布局,以确保汉语的国际推广具有更高的视野,这就需要从时间划分、地域传播等多角度进行综合性的布局,确保整体发展的有序性。

1. 时间划分布局

中国虽然已有悠久的"向国际推行汉语"的历史,但却是在新中国成立之后才开始有系统、有组织地把汉语传播到国外。基于新中国政府的重视与支持,中国推行的对外汉语教学建设就此开始,历经了自 20 世纪 50 年代至 60 年代的初始时期,70 年代初到 70 年代中的复苏时期,70 年代末到 21 世纪初的发展时期,以及《汉语桥工程》在 2003 年启动并发展至今的创新时期。汉语推广在以上历经的四个发展阶段中遇到了诸多波折,但整体而言,仍获得了长远发展。对于汉语对外传播任务而言,前三个时期都把国内各大院校在汉语对外教学的工作当成主体,对"请进来"的形式比较侧重,然而在该阶段内,即使国家对汉语对外教学一直予以高度重视,但在其定位以及战略上自始至终都没能够达到国家战略的相关程度。发展到 2002 年时,国家汉语对外教学的组织人员以及教育部对各个国家在推行本族语言形式开始进行借鉴,同时将语言的推广机构设立于海外地区。随之,经国务院批准的《汉语桥工程》(2003—2007)展现了该项计划,并在五年规划政策中出现。首届国际性汉语大会于 2005 年 7 月在北京人民大会堂举行并召开,同时全面实施并正式确认了"汉语对外推广",更是代表着中国推广汉语的工作已经发展到整体实施的战略环节。不仅如此,此次会议结束时,中国高层领导者做出了对汉语国际推广工作相当重要的指示,强调政府有关部门必须对汉语国际推广工作给予高度重视,加快汉语走向国际的步伐。

2013年,随着"一带一路"倡议的实施、中国政治地位的提高、经济实力的增强以及文化事业的发展,汉语国际推广活动也以前所未及的程度深入到中国社会和沿线国家当中。五年来的语言推广规划,顺应了时代发展的方向,取得了长足的进步,也为下一个五年的发展计划奠定了有利的基础。

2. 地域传播布局

语言的国际推广需要有大规模的物质资源及人力资源作为其基本保障,但是汉语国际推广因开始时间较短,在物质资源与人力资源等方面的投入仍有所欠缺。如何在较短时间内合理地运用有限资源已经成为汉语语言国际推广活动的重中之重,这就需要国家政府进行一个合理的战略布局。通过分析研究国外的语言文字、文化推广与传播,可以看出,一大部分国家都实施了有计划、有步骤的战略,并且在推广领域内科学布局。国外语言文字与文化推广的数据统计结果表明,各国在语言国际推广过程中都设立了科学有效的计划内容、严格的实行方案以及精确的统计筹备,其中包括每年推广传播的重点区域、人员与资金的投入以及推广传播途径等多个方面。

汉语国际推广是一项具有长期性和艰巨性特征的任务。为此,可以借鉴一些国家在语言国际推广过程中的成功案例,吸收其中的精华为我所用,并根据中国的客观实际情况,在世界布局的基础上合理、有效地制定出汉语国际推广战略,有计划、有步骤地加以开展。国家政府对汉语国际推广活动的布局应遵循以下五项基本原则:

(1)进行有重点的布局。在拥有重要国际地位的国家和地区如美国、德国等发达国家设立点位;在"一带一路"背景下,沿线的主要国家是语言推广的重点区域。

(2)在经济水平较高、与中国经济来往较为密切的国家设立点位。

(3)在与中国传统历史上来往较为密切、具有资源优势的国家和地区设立点位。

(4)在中国将来的发展过程中所需要的战略合作伙伴,或是对中国的安全状况有影响力的国家和地区,满足其中一个条件即可考虑设立点位。

(5)在与中国有着深厚的文化渊源的国家和地区设立点位,比如日本、韩国等,这些国家的文字有一部分是直接采用中国的汉字或进行了一部分修改。

■8.3　构建汉语国际推广的保障体系

加强汉语向国际的推广力量,是中国的国家发展战略之一,是中国实现国家文化长远发展的重要环节,是有效提升中国文化软实力的最有效方式之一,有助于中国的文化建设与综合国力的提升,有助于提高中国的国际影响力与国际竞争力。官方保障是此项工作有利推进的重要条件。

8.3.1　制定相关法律法规等保障措施

中国在制定推广我国汉语面向国际的相关法律法规时,可以借鉴西欧、美国、日本、韩国等开展语言推广较早的国家所制定的相关法律法规,结合中国的语言特点、推广形式,制定汉语推广目标。根据中国的法律制度与立法步骤等特点,尽早研究制定符合中国特点的汉语推广法律法规,汉语推广法律法规要具有适用性与严谨性,从而在法律层面上有效地保障汉语面向国际进行推广。现在,中国还没有对汉语推广进行立法,但是中国的国际汉语教育近些年来发展较快,开展汉语教学业务的教育机构也纷纷建立。为了更好地开展汉语的推广工作,需要对开展汉语教学的教育机构进行规范管理,使对于中国汉语推广的相关法律法规的制定工作非常紧迫。中国应尽快将制定有关汉语推广的法律法规提上立法议程,启动立法程序,尽快填补中国在汉语推广方面的法律空白,以满足汉语面向国际推广的需要,从而使汉语推广工作能够顺利实施。

汉语要面向国际进行推广,不仅需要相关的法律法规对中国汉语的推广工作进行规范与保障,还需要中国政府推行一些汉语推广的相关政策,对中国的汉语推广工作进行扶持与引导。建立汉语推广准入制度,对中国的汉语推广机构制定相关的管理办法。设置汉语推广的准入条件,明确各个汉语推广机构的工作职责。适当地准许民办企业和社会组织等民间团体的汉语推广准入制度,制定汉语推广的相关优惠政策,增加民间团体对汉语推广的投资力度,这样可以形成政府部门与民间团体共同推动汉语推广的合力,有效增加汉语推广的市场活力,优化汉语推广的资源配置,增加汉语推广的资金投入,有效地帮助汉语推广工作取得长足的发展。为了我国汉语推广工作的有序开展,要加快建立对汉语推广机构的管理制度,对汉语推广机构实行有效的管理,特别是建立对汉语推广机构的考核办法与评估方式,对汉语推广机构的工作进行有效的监督与引导,严格按照国家制定的文化战略对汉语推广机构进行约束,从而保障我国的汉语推广工作有序开展。还要结合国外的具体情况来制定相应的优惠政策与援助计划,特别是对当地的社会文化与经济发展情况进行充分的了解,可以有效地保障制定的优惠政策切实可行。在制定汉语推广的相关政策时,可以参照国外在进行语言推广时制定的相关政策,对一些具有特殊地位的地区,还有与我国需要重点发展合作关系的国家提出特别的优惠政策,加强我国汉语在上述国家和地区的推广程度,提升我国在上述国家和地区中的影响力,有效地配合我国的国家战略,进一步发展同这些国家和地区的合作关系。

中国是世界四大文明古国之一,历史文化源远流长,在漫长的历史发展中始终保持着我国特有的文化理念与文化精髓。中国的传统文化是中国人民宝贵的文化遗产,是中国人民乃至世界人民引以为豪的文化瑰宝。而汉语就是中国传统文化的重要载体。因此,在推广汉语时,要对学习汉语和中国传统文化的人员进行严格要求,对学员的学习效果进行严格的考察,比如对本书撰写方面可以规定:第一,学员在学习汉语、中国历史、中国文学、中医药学、中国传统哲学、中国传统绘画、中国传统曲艺、中国古代建筑等科目时,在对研究课题撰写本书时,必须要用汉语进行撰写,还要在本书答辩时使用汉语;第二,学员在对中国的新闻学、政治制度、人口情况、农村建设、人文教育、经济管理与外交历史等领域进行研究时,在撰写本书时,可以使用外语,但是本书的提纲必须要用汉语撰写,在进行本书答辩时也必须使用汉语,并且需要用汉语撰写本书副本;第三,学员在对数学、化学、生物学、物理学、计算机信息学、地质学、农艺学、医学等领域进行研究时,在撰写本书时可以用外语撰写,也可以用外语进行答辩,但是本书提纲必须用汉语撰写,并且本书的副本必须要用汉语。这些要求最终都会促使汉语学习者获得较好的汉语学习效果。

8.3.2 优化汉语推广机构的组织结构

(1)要加强汉语推广机构的管理,优化汉语推广机构的资源。我国汉语推广工作的管理部门是汉语推广工作小组,负责汉语推广工作的具体部门是国家汉语办公室。我国的文化与旅游部与国务院华侨办公室都是汉语推广工作小组的所属部门。现在我国汉语推广工作开展最好的项目是孔子学院,孔子学院的管理层中有文化与旅游部与国务院华侨办公室的派驻机构,孔子学院的具体工作是在国际上推广我国汉语和传统文化。所以,我国的汉语与传统文化推广工作可以由我国汉语办公室与孔子学院进行管理。对汉语推广工作进行统一管理有利于汉语推广机构的资源优化配置,更有助于我国汉语推广投资的高效利用。在国际上,孔子学院成为我国传统文化和汉语推广机构的知名品牌。

(2)要加强我国汉语推广工作各个管理部门的相互合作关系,建立汉语推广管理部门的联动机制。加强我国汉语和传统文化的推广力度,需要我国汉语推广各个管理部门加强合作关系,协调我国汉语推广管理部门的工作,设置有效的协商机制与联动机制。我国汉语推广工作的顺利开展,需要我国汉语推广各个管理部门团结一致,一起对传统文化与汉语的推广工作发挥自己应有的作用。

(3)提升我国汉语推广各个管理部门的管理能力,让我国汉语推广工作具有科学性。为了有效增加汉语推广工作的科学性,我国汉语推广管理工作需要专家对推广工作提出指导性意见,并由专业的汉语推广人才实施。将汉语推广工作中的众多专家按照研究领域进行分类,分别组成汉语推广委员会、教育委员会、人力资源委员会、财务监督委员会、经济发展委员会等五个委员会。上述委员会按照自己的工作职责为我国汉语推广各个管理部门出谋划策。

(4)加强汉语在世界政治与经济活动的影响力。在外交中用本国语言进行交流,象征着国家主权,此亦为一般的国际外交准则。汉语是国际组织的工作语言之一,要充分发挥汉语在世界机构中的影响力,不断提升汉语在国际上的地位,在外交场合必须要用汉语,签订外交协议时要使用汉字。我国的政府部门、社会组织与企业单位要在国际外交场合提出使用汉语和汉字。要不断提升汉语的使用价值,并不断强化汉语在我国外交活动中的重要作用。比如我国政府部门的发言人,在进行发言和回答记者提问时必须使用汉语。还有在中国主导的国际会议中,要尽可能提升汉语的使用程度,在对中国传统文化、中国文艺、中国历史进行研究讨论时,要尽可能使汉语成为讨论会议的工作语言。另外,我国可以以我国出口的商品为媒介,开展汉语推广工作。我国经济经过长期高速发展,制造业已经颇具规模。我国享有“世界工厂”的美誉,可以在出口的各种制造品中使用中文标识,并对产品说用书或产品介绍中使用汉字,增加我国汉语的推广力度。世界发展证明,语言的推广和经济的发展相辅相成,我国要借助良好的经济发展势头,不断提高汉语在世界经济活动中的地位。在与其他国家订立合作关系时,必须要有汉语文本,使汉语文本与外语文本具有同样的法律效力,让我国在经济发展的同时,不断提升汉语的使用价值,为我国经济的增长提供动力。

8.3.3 完善汉语国际推广支撑系统

为使我国的语言能够逐步推广到国际,使我国语言在国际上占据一席之地,各个相关国家既要把推广语言任务在对外宣传以及大外交战略中进行明确定位,还要积极制定完善的语言推广制度,使语言推广机构形成灵活多样的模式,并确保投入的资金量相对充足,从而形成一个比较坚实、完善的推广语言支撑系统。具体可概括为以下方面的内容:

(1)编制具体政策,提供资金支撑。语言推广制度完全体现了在语言推广进行时政府所持的观点、具体立场,以及相关的措施、规定、条例与法律法规等,确保能够顺利实施语言推广政策。"美式英语"的具体推行得到了美国政府在财政方面的大力支持,编制了诸多的政策方针等,同时更是成为全球战略的主要组成部分。自 1948 年起,逐步编制了《关于决定语言权利》《授予第二语言是英语的学分决定》《第四点计划》以及《马歇尔计划》等诸多的政策与制度,使亚、非、拉区域在推行英语时得到了十分有效的帮助。美国议会于 20 年代 70 年代通过并具体实施了《对外援助法》,促使了将近 10 万人能够利用政府的资助每年到国外进行留学与讲学;据调查,海外教学计划存在于 50% 以上的高校政策中,2% 的高校教授会进行科研工作或者出国讲学。

(2)设置完善的人力资源支撑系统以及语言推广机构。语言在进行推广时必然不能越过课程设置、教学模式、相关教材以及师资力量等诸多人力资源支撑系统的辅助,必须对国内外诸多的核心资源平台进行有效整合。比方说德国构建的 128 座歌德校区分布在 76 个国家之中;西班牙在亚洲、非洲以及欧美等地的 23 个国家设置了塞万提斯的 38 个分院;法国将 1140 个法语的分部联盟设置在了 138 个国家,同时将法语的推广当成宣传本国文化的重中之重;英国在国际上设置了文化委员会的 138 家教育中心以及 230 多家分支机构等。

(3)利用多样化的手段对语言进行推广。除去传统的培训方式以及语言教学外,网络、电视、广播以及报刊等传媒方式已成为各国进行语言推广的主要方式。各国的语言推广机构都是运用 MTV、电视剧以及电影等方式将生活方式、思维方式与价值观念当成主要的内容对外进行语言推广,使各国语言文化的传播与推广力度得到了最大限度的提升。

(4)设置完整的认证语言等级系统。它是对语言学习者的价值提高与能力提升进行衡量的主要标准,极大地促进语言推广的程度。据统计,英国雅思以及美国托福就是对各国民族语言非英语人员所具备的英语水平进行相关测试的重要黄金标准。德国也会对德语水平进行定期的标准化考试以及组织培训。

在这个把本国语言进行推广当作共识的时代，建立孔子学院等机构，以及将汉语进行世界范围内的推广已成为必然趋势和我们需要努力的方向。

8.3.4　健全汉语国际推广制度

1. 设置汉语国际推广的监管组织与机构

为使汉语国际推广的领导性得到加强，协调与统筹汉语国际推广政府与机构，由国家文化与旅游部、外交部、财政部以及教育部等诸多部委于 1987 年共同设置了简称为国家汉办的"国家汉语国际推广领导小组"。作为我国教育部门直属的事业单位，国家汉办致力于把汉语言文化的相关服务以及教学资源提供给全世界，使海外汉语学习人员的要求得到最大程度的满足，为建设和谐社会做出了应有的贡献。其主要任务是：推广并开发汉语教材；编制汉语国际教学制度；对各国教育机构设立汉语教学给予支持；设定汉语国际推广的发展政策以及方针制度等。

2. 对外汉语教育课程开始设立

北京语言大学教授吕必松在 1978 年就倡导了必须设置专门的对外汉语教学课程，并形成对应的专业，设置对应的研究机构，我国在 1983 年成立了对外汉语的本科专业，对外汉语专业的地位由教育部门在 1984 年做出了明确指示，对外汉语专业的硕士研究人员于 1986 年正式进行培养，博士研究生的招生始于 1997 年，至此中国对外汉语教学体系开始形成并完善。对外汉语教学把文化学、社会学、教育学、心理学以及语言学等融合为一体，形成了一种具有交叉性、综合性的特殊学科。积极借鉴其他国家的第二语言教育理念，以自身特点与性质为出发点，在国家发展策略的指导下，使该学科的主要框架理念等逐渐完善。

同时需要关注的是，应加强汉语在国外基础教育阶段和层面的推广。基础教育的重要性毋庸置疑，尤其是语言教育。从欧洲各国语言教育的发展史来看，外语教学法的实践、积累与发展主要得益于基础教育，而汉语国际推广在基础教育领域的实施效果，在法国有着最好的体现。据法国知名汉学家、法国国民教育部汉语总督学白乐桑先生介绍，法国目前学习汉语的人有 10 万，其中一半是在基础教育阶段学习的，目前法国约有 700 所中学开设有汉语课。把语言学习作为一个正规的学习科目而非一个短期的兴趣安排,这一点对一国的语言规划与推广十分重要。法国的汉语推广对于汉语在其他国家的推广具有借鉴意义。同时,可以考虑在其他国家建立中国优质大学,吸引学生将汉语作为学习工具及专业技能基础进行学习。

3. 明确汉语国际推广的思维

要想使中国能够持续并稳定地发展汉语国际推广工作,其必将实施"六大转变"的方针:一是将以纸质教材当面授课为主的教学方法转变为以充分利用网络多媒体、科学信息技术为主的现代教学方式;二是将以政府行政为主导的市场运营转化为以政府推动为主的模式;三是将以教育系统内推的机制转变为向国内外、民间与政府以及教育系统内外一起推广的机制;四是将专业汉语教学的理念转变为应用型、普及化、大众化的教学方针;五是将以学汉语要"请进来"的重心转变成加快"走出去"学汉语的模式;六是将对外汉语教学的发展战略转变为向国际推广全方位汉语的模式。从而使汉语国际推广的根本思维得以确定,确保其能够进行持续稳定的发展。具体来说,不妨积极考虑以下途径:

(1)积极开展和实施针对中亚国家的教育援外项目。在"一带一路"建设推进中,应注重援外品牌的打造以及援外培训地基的建设,开展非中国籍汉语教师培训项目,通过教育发展可以为当地培养人才,支持受援国走上独立自主、可持续发展的良性轨道。同时,开展周期长、影响深的教育援助,可以培养一批对中国具有深厚感情的友好人士,提升中国在受援国民众心目中的形象,为双方的长期合作奠定人文、人脉基础。此类项目所开展的国际合作与交流,对实现中国与各个国家政治、经济、文化交流具有非常重要的意义,有助于增强中国传统文化在中亚各国的影响力、亲和力,促进丝绸之路沿线中亚区域全方位合作,为"丝绸之路经济带"建设夯实人才基础,构建与中亚国家全面合作的新格局。

(2)进行订单式复合人才的培养。开展境外"走出去"的中国企业本土化培训,为走入中国的外国企业提供语言服务项目,同时,在国内高校设立留学生的特色专业学位,将语言技能和专业素质培养相结合,为国际企业输送有相关专业背景且语言文化相通的定向人才。

4. 使汉语国际推广考试标准得以完善

完善并形成的考试具有三大种类:商务汉语考试、中小学汉语考试、汉语水平考试。海外汉语考试开始进行逐步认证。简称为 HSK 的汉语水平考试是一种标准化的国家级考试,是为了检验母语不是汉语人员的汉语水平所展开的测试,HSK 也具有新旧之分,但无论是哪一种,都是由汉语水平测试国家委员会主办,北京语言大学以及国家汉语水平测评委员会办公室负责具体相关事宜。

8.3.5 加强中国传统文化的发展

人类的文化可以随着时间的推移不断发展和进步,并不断改善人类的生活方式。人类的文化是可被传承的。没有传承的文明,就会被历史所湮灭。人类的文化就是在历史的长河中不断融合、积淀,最终发展成为更加优秀的文化。随着我国的综合国力不断提升,国际上的汉语学习人员产生了质的变化。汉语的教学已经慢慢从大学校园发展到社会教育机构,越来越多的外国人学习汉语。由于我国的国际地位越来越重要,汉语已经成为国外人员就业的一门重要语言,但渐渐地演变成为外国人员主要学习汉语,而对我国的传统文化了解不多的局面。我国的传统文化包含的内容非常广阔,其中的思想内容十分丰富。为了让世界上越来越多的人了解中国传统文化、喜爱中国传统文化,这就需要让更多的人受到中国的汉语教育和传统文化教育。

加强我国汉语的推广工作,可以有效提升我国的文化软实力。因此,在推广汉语时,要十分注重推广策略。目前我国汉语的推广形势与 20 世纪英语的推广形势截然不同。例如,英、美两国借助英语向全世界推广自己的文化产品。英国凭借其"日不落帝国"的实力,将英语推广至世界的各个地区,之后,伴随美国的崛起,英语成为国际的最主要外交语言。随着世界信息革命的发展,英语借助互联网,使以英语为载体的文化传播至世界的各个地区,英语成为世界普及程度最好的语言。在汉语推广过程中,我们更应注重文化交流,使其与语言推广互为催化剂、互促发展。文化交流与传播模式不乏多样性,以企业为媒介进行文化的传播是其中之一,在对留学生乃至所有外国人的文化传播中,中国企业是非常生动和有效的传播媒介,我们或许可以从以下方面进行探索:

(1)以华为等为代表的行进在国际化征程中的中国公司。这样的公司,企业文化当中包含有多元、包容、和谐、中西文化结合的元素,无论是企业价值观、公司内部管理、市场运作,还是员工结构都反映了中国和不同国家相互交融的特点。这样的交融无疑是文化传播的一个自然而真实的过程。作为一个在亚太、中东北非、独联体、南部非洲、拉美、北美、欧洲、东太平洋等 170 多个国家设有机构的公司,文化落地能使中国文化得以让外国人听得到、看得见、摸得着。如何更好地以技术输出来带动文化传播值得思考。

（2）进入中国市场的外国企业。本土化方案是每个跨国公司需要考虑的问题，在这个过程中，文化因素绝对是主角之一，而语言更是其中的一大利器。所以，外企会是一个很好的语言交流和文化传播平台。

第 9 章

结　论

　　语言推广作为人类维护文明多元化的重要手段,是人类文明不断发展的基石,也是我们的共同责任。任何一个国家如果想要融入世界、融入全球化,都必须要进行语言国际推广。所以当前主流国家都异常重视对外语言教育,以强力推动国家文化和语言的进步,这也成为各个国家,也别是发达国家最为重要的国策之一。因此,我国必须要不断强化汉语的国际推广力度,增强各国人民对我国文化的了解,采用适合的沟通渠道将汉语推广至各个国家和地区。这不仅有利于促进国际社会对中国文化的理解,同时也有利于中国改革开放后经济的可持续发展,这是中国的需要,也是世界的需要。

　　语言作为社会公共产品,其本身就会直接影响到语言推广的发展,因此,选定适合的标准对语言进行评价,对于指导语言国际推广具有重要的意义。将经济因素作为语言国际推广的标准,十分适合指导语言国际推广,尤其是在对语言政策效果的评价上,相对于传统的社会语言分析,经济学具有更强的解释力与说服力。语言经济学将语言与经济行为作为普遍存在的社会经济现象加以研究。从广义而言,语言经济学就是研究语言本身的问题,是以语言为核心、为主体的研究,并加以经济学手段;从狭义而言,语言经济学已经成为单独的经济学分支学科,成为一门新的经济学。

　　构建汉语国际推广的理论基础就是从理论的角度阐述语言推广的必要性与重要性。正如对世界主要语言的分析研究发现,每个国家都在思想意识上与实践操作中非常重视对本国语言的国际推广,但是就目前的研究情况而言,还没有学者从理论角度对语言推广的绩效进行系统的经济学分析。本书就是结合经济学的相关理论,依托于语言与经济的相关性进行研究,探寻语言推广的经济学价值与必然性。从经济社会而言,几乎所有的人类活动都与经济密切相关,任何一项具有市场经济收益的活动都应该积极实践。可见,语言经济学正是基于语言的市场经济价值,用经济学的方法解释与总结语言和语言推广所包含的市场经济收益,以及其他与市场经济收益密切相关的正向收益。

汉语文化在国外的传播历史悠久,尤其是在东亚地区,日本、朝鲜受汉语文化影响显著,东南亚地区以及南亚次大陆,受到汉语文化体系的影响也较为明显,甚至海外也存在一定的影响。进入 21 世纪后,全球范围内又兴起了一场"汉语热",这让汉语推广具有了良好的发展基础。但是综合分析汉语国际推广策略,依旧存在着较大的问题,甚至存在着国际推广认知问题。我们应该看到全球不同背景、区域的汉语国际推广具有更高的难度,这也就要求我国在进行汉语国际推广的过程中必须要采取多方法、多途径的策略,不断进行探索,将汉语国际推广工作发展成为一种国家战略,通过解读汉语国际推广的现实价值与长久价值,正确地认识汉语推广的历史意义。因此,不断通过研究,解决汉语推广工作中遇到的实践问题,也是当前汉语国际推广的当务之急。

"一带一路"倡议实施六年过去了,汉语国际推广工作所取得的阶段性成果是通过数据可以感知到的。汉语国际推广与"一带一路"在理念、价值上有高度的契合。在这条互通共融的道路上,国之交在于民相亲。语言通则心相通,心相通则民相亲。汉语国际推广也应随着"一带一路"的发展,不断探求出具有中国特色的世界语言推广之路,为促进人类文明的交流互鉴发挥出独特的作用。下一个五年及未来,我们对中国在世界舞台中的表现拭目以待。

附 件

语言经济价值指标权重调查问卷

尊敬的老师：

您好！为了确定语言经济价值指标的权重,我们需要您花宝贵的时间完成以下问卷。请您针对问卷中提到的两个指标的相对重要性加以比较:问卷采用1～9标度法,请您在相应的数字下打"√"。数字标度的含义及说明如下:

重要性级别	含义	备注
1	同样重要	两因素对比,具有相同的重要性
3	稍微重要	两因素对比,一个因素比另一个稍微重要
5	明显重要	两因素对比,一个因素比另一个明显重要
7	非常重要	两因素对比,一个因素比另一个重要得多
9	极端重要	两因素对比,一个因素比另一个极端重要
2、4、6、8	—	上述相邻判断的中间值

评价语言经济价值标准体系表

	指标类别	指标变量
评价语言经济价值标准体系	语言使用人数 A1	母语使用人数 A11
		非母语使用人数 A12
	国家综合实力 A2	GDP 总量 A21
		GDP 增速 A22
	语言相关紧密产业 A3	留学服务 A31
	语言传播渠道 A4	文化产品 A32
		国际旅游 A33
		互联网 A41
		影视传媒 A42
		出版物 A43

1.一级指标对标对比

指标	语言使用 人数 A1	国家综合 实力 A2	语言相关 紧密产业 A3	语言传播 渠道 A4
语言使用人数 A1				
国家综合实力 A2				
语言相关紧密产业 A3				
语言传播渠道 A4				

2.二级指标对标对比

(1)语言使用人数 A1。

指标	母语使用人数 A11	非母语使用人数 A12
母语使用人数 A11		
非母语使用人数 A12		

(2)国家综合实力 A2。

指标	GDP 总量 A21	GDP 增速 A22
GDP 总量 A21		
GDP 增速 A22		

(3)语言相关紧密产业 A3。

指标	留学服务 A31	文化产品 A32	国际旅游 A33
留学服务 A31			
文化产品 A32			
国际旅游 A33			

(4)语言传播渠道 A4。

指标	互联网 A41	影视传媒 A42	出版物 A43
互联网 A41			
影视传媒 A42			
出版物 A43			

十分感谢您的参与！

参考文献

[1] ADGER C T,WOLFRAM W. Language differences[J]. Teaching Exceptional Children,1993,26 (1):44 – 49.

[2] ALIMI M M. Micro language planning and cultural renaissance in Botswana[J]. Language Policy,2016,15 (1):1 – 21.

[3] BARRON A,PANDAROVA I. The sociolinguistics of language use in Ireland[M] // Sociolinguistics in Ireland. Basingstoke:Palgrave Macmillan UK,2016(10):1057.

[4] BASSEDA R. Doctoral consortium extended abstract:planning with concurrent transaction logic[M] // Logic Programming and Nonmonotonic Reasoning. Dagstuhl Castle,Germany:Springer International Publishing, 2015:545 – 551.

[5] BASTARDAS-BOADA A. General linguistics and communication sciences: socio complexity as an integrative perspective[M]// Complexity Perspectives on Language,Communication and Society. Heidelberg:Springer Berlin Heidelberg,2013:151 – 173.

[6] BENGTSSON J,NONÅS S L. Refinery planning and scheduling:an overview[M]// Energy,natural resources and environmental economics. Heidelberg:Springer Berlin Heidelberg,2010:115 – 130.

[7] BHATTACHARYA U. Colonization and English ideologies in India:a language policy perspective[J]. Language Policy,2017,16:1 – 21.

[8] BUI T T N,NGUYEN H T M. Standardizing English for educational and socio-economic betterment:a critical analysis of English language policy reforms in Vietnam[M]// English language education policy in Asia. Zurich Switzerland:Springer International Publishing,2016.

[9] CAZORLA A,NICOLÁS L D. Planning and projects:three visionaires

Friedmann,J.,Trueba,I. and Ramos,A[M]//Project management and engineering research. Zurich Switzerland:Springer International Publishing,2016.

[10] COMELIAU C. Towards a new development planning:the pre-eminence of political choices[M]//Transitions to sustainability. Dordrecht:Springer Netherlands,2015:19 - 37.

[11] COMPTON S E, TIMOTHY G, REAGAN. Language policy and planning for sign languages[J]. Language Policy,2011,10 (3):273 - 275.

[12] COOPER R. Language planning and social change[M]. Cambridge:Cambridge University Press,1989.

[13] DIXIT V, TRIEU J, JIAN S, LI X. Value of travel time savings for car share users in Sydney[C]//Australian Institute of Traffic Planning and Management (AITPM) National Conference. Adelaide,South Australia, Australia,2014.

[14] ESTRADA F. The rhetoric of economics[M] Brighton:Harvester Press, 1986:195 - 196.

[15] FASOLD R W. The sociolinguistics of language[M]. Oxford:Blackwell Publishing,2000.

[16] FISHMAN J A. Modeling rationales in corpus planning:modernity and tradition in images of the good corpus:progress in language planning international perspectives[M]//Progress in Language Planning:International Perspectives. Berlin:Mouton publishers,1983.

[17] FORMAN S. Interests and conflicts:exploring the context for early implementation of a dual language policy in one middle school[J]. Language Policy,2015,15:1 - 19.

[18] FOUCES O D, BAXTER R N. (Eco) linguistic planning and language-exchange management[J]. Monti Monografías De Traducción E Interpretación, 2010:283 - 313.

[19] GAYNOR B. From language policy to pedagogic practice:elementary school English in Japan[M]//International Perspectives on Teaching English to Young Learners. Basingstroke:Palgrave Macmillan UK,2014.

[20] GILL S K. The revival of a minority language in Malaysia:the dynamics between national linguistic ideology and ethnic linguistic identity[J].

Multilingual Education,2014,8:103 - 117.

[21] GIRMA Z. Theory and practice of triple helix model in developing countries[M]//Theory and Practice of the Triple Helix System in Developing Countries:Issues and Challenges. London:Routledge,2011.

[22] GRANT S. The British council collection:cultural propaganda[J]. Apollo:The International Magazine of Arts,2009,564:26 - 31.

[23] GREEN N. Meaning-text theory:linguistics,lexicography and implications[J]. Machine Translation,1992,7(3):195 - 198.

[24] GRIN F. Economic analysis of language policy and planning[M]//The Encyclopedia of Applied Linguistics. Hoboken:John Wiley & Sons, Inc. 2012.

[25] GRÜNIG R,KÜHN R. Strategy planning process[M]//The Strategy Planning Process. Berlin:Springer Berlin Heidelberg,2015:41 - 52.

[26] HAJEK J,PAOLO C. Minority language planning and micronationalism in Italy:an analysis of the situation of Friulian,Cimbrian and Western Lombard with reference to Spanish minority languages (contemporary studies in descriptive linguistics 17)[J]. Language Policy,2010,9(2): 179 - 181.

[27] HAMMILL M J,DINIZ D F E H. Language and globalization[M]//Language and Globalization. London:Routledge,2006:317 - 342.

[28] HAUGEN E. Language planning in modern Norway[J]. Scandinavian Studies,1961,33(2):68 - 81.

[29] HAUGEN E,林书武. 语言学与语言规划[J]. 当代语言学,1984(3):41 - 53.

[30] HENDERSON W, DUDLEY-EVANS T, BACKHOUSE R. Economics and language[M]. Cambridge:Cambridge University Press,2000.

[31] HORNBERGER N H. Language policy, language education, language rights:indigenous, immigrant and international perspectives[J]. Language in Society,1998,27(4):439 - 458.

[32] HUBBELL L J. Linguistics:on dialect:social and geographical perspectives. [M]//On Dialect:Social and Geographical Perspectives. Oxford: Blackwell,1983:756 - 757.

[33] JERNUDD B,FRANÇOIS G. Claudio Sfreddo and François Vaillancourt:

the economics of the multilingual workplace[J]. Language Policy,2012, 11(3):287 - 289.

[34] KACHRU B B. The non-native literatures as a resource for language teaching[J]. RELC Journal,1980,11(2):1 - 9.

[35] KAMWANGAMALU N M. Globalization,the spread of English and language planning in Africa[M]//Language Policy and Economics:The Language Question in Africa. Basingstroke:Palgrave Macmillan UK,2016.

[36] KANG H S. Korean-immigrant parents' support of their American-born children's development and maintenance of the home language[J]. Early Childhood Education Journal,2013,41(6):431 - 438.

[37] KENNEDY C. Language planning. [J]. Language Teaching,1982,15 (4):264 - 284.

[38] KUBOTA R. Immigration,diversity and language education in Japan:toward a Glocal approach to teaching English[M]//English in Japan in the Era of Globalization. Basingstroke:Palgrave Macmillan UK,2011.

[39] LESSMANN C. Regional inequality and decentralization:an empirical analysis[J]. Environment & Planning A,2012,44(6):1363 - 1388.

[40] LI H,YUAN Y. Comparison and contrast of English language planning and policy for senior secondary education between mainland China and Hong Kong [J]. The Asia-Pacific Education Researcher,2013,22(4):439 - 447.

[41] LINDSAY K. The British council. The first fifty years[J]. Contemporary Review,1985,246(1):50 - 72.

[42] MALLIKARJUN S,LEWIS H F,SEXTON T R. Operational performance of U. S. public rail transit and implications for public policy[J]. Socio-Economic Planning Sciences,2014,(48):74 - 88.

[43] MCCLOSKEY D N. The rhetoric of economics[J]. American Journal of Sociology,1987,21:481 - 517.

[44] MCMURCHY-PILKINGTON C. Mathematics curriculum development and indigenous language revitalisation:contested spaces[J]. Mathematics Education Research Journal,2013,25(3):341 - 360.

[45] NEKVAPIL J. The history and theory of language planning[M]//Handbook of Research in Second Language Teaching and Learning. New

York:Routledge,2011.

[46] PATTERSSON M,FRITZSON P. DML-a meta-language and system for the generation of practical and efficient compilers from denotational speci-fications[C]//International Conference on Computer Languages. IEEE, 1992:127 - 136.

[47] PHAAHLA P. Economics of languages:the interplay between language planning and policy,and language practice in South Africa[J]. South Af-rican Journal of African Languages,2015,35(2):181 - 188.

[48] PLESSIS T D. Neville Alexander obituary[J]. Language Policy,2012,11 (4):291 - 300.

[49] RAINBIRD S,HANNAH H. London,Goethe Institute[J]. Burlington Magazine,1987,129(1012):478 - 478.

[50] RECORD H. Use of economic,social and environmental indicators in transportation planning[J]. Cancer Science,2010,101(3):820 - 825.

[51] RICENTO T. Thinking about language:what political theorists need to know about language in the real world[J]. Language Policy,2014,13(4): 351 - 369.

[52] RUBINSTEIN A. Economics and language[J]. Online Economics Text-books,2000.

[53] SCHIFFMAN H F. Linguistic culture and language policy[M]. New York:Routledge,1998.

[54] SCHULTZ U P. Towards a general-purpose,reversible language for con-trolling self-reconfigurable robots[M]//Reversible Computation. Berlin: Springer Berlin Heidelberg,2013:97 - 111.

[55] SCHULTZ,PAUL T. Investment in women's human capital[M]. Chica-go:University of Chicago Press,1995.

[56] SHIGEMOTO J. Language change and language planning and policy[J]. Wiley Interdisciplinary Reviews:Cognitive Science,2010,1(5):677.

[57] TRENDOWICZ A,JEFFERY R. Planning poker[M]//Software Project Effort Estimation. Zurich Switzerland:Springer International Publishing, 2014:327 - 338.

[58] WALSH J R. Capital concept applied to man[J]. Quarterly Journal of

Economics,1935,49(2):255 - 285.

[59] WATTS N. Innovative second language education in the South Pacific [M] // Encyclopedia of Language and Education. Dordrecht:Springer Netherlands,1997:1350 - 1361.

[60] WATTS R J. MORRISSEY F A. Language,the singer and the song:sociolinguistics of folk performance[M]. Cambridge:Cambridge University Press,2019.

[61] WEINREICH U. Is a structural dialectology possible:readings in the sociology of language[J]. Word Journal of The International Linguistic Association,1968,10:388 - 400.

[62] WRIGHT S. Globalisation and rethinking the concept of language[M]// Language Policy and Language Planning. Basingstroke:Palgrave Macmillan UK,2016.

[63] WRIGHT S. Language choices:political and economic factors in three European states[M]// The Palgrave Handbook of Economics and Language. Basingstroke:Palgrave Macmillan UK,2016.

[64] YAZAN B. Adhering to the language roots:Ottoman Turkish campaigns on facebook[J]. Language Policy,2015,14(4):335 - 355.

[65] ZHANG W,GRENIER G. How can language be linked to economics:a survey of two strands of research[J]. Language Problems & Language Planning,2013,37(3):203 - 226.

[66] 薄守生. 起步、融合与创新:语言经济学在中国[J]. 语言文字应用,2015 (3):58 - 67.

[67] 蔡传柏. 经济学基础[M]. 上海:上海财经大学出版社,2015.

[68] 蔡辉. 语言经济学:发展与回顾[J]. 外语研究,2009(4):1 - 5.

[69] 蔡基刚. 语言经济学视角下的公共英语教学效率研究[J]. 复旦教育论坛, 2016,14(2):86 - 92.

[70] 陈珞瑜. 全球化背景下运用语言规划提高汉语国际语言竞争力[J]. 语文 建设,2012(9x):72 - 73.

[71] 陈美华,陈祥雨. 当代中国文化软实力建设背景下的国际文化传播与语言 规划[J]. 艺术百家,2013(6):40 - 44.

[72] 陈青文. 语言、媒介与文化认同:汉语的全球传播研究[M]. 上海交通大学

出版社,2013.

[73] 陈石磊.从语言经济学的视角看广西京族地区的"越南语热"现象[J].广西民族研究,2012(1):68－75.

[74] 陈文凯.语言经济学视域下的语言生活与语言服务[J].河南社会科学,2013(9):80－83.

[75] 陈章太.语言规划概论[M].北京:商务印书馆,2015.

[76] 程昕.双语教学中的语言规划研究[J].中国矿业大学学报(社会科学版),2011,13(2):104－109.

[77] 戴庆厦.中国民族语言文学研究论集 4[M].北京:民族出版社,2004.

[78] 戴昭铭.规范语言学探索[M].2 版.上海:上海三联书店,2003.

[79] 戴昭铭.论语言规范[J].解放军外国语学院学报,1995(1):40－45.

[80] 丁存越."裸 X"词族的衍变及其语言经济学考察[J].湖北社会科学,2010(8):139－141.

[81] 董晓波.法律领域的语言规划研究:问题与方法[J].外语教学理论与实践,2015,V4(4):37－43.

[82] 董学峰,彭爽.中外语言国际推广教育的政策比较[J].外国问题研究,2015(4):84－88.

[83] 段红鹰,娄玉娟.英语教育缘何低效:基于语言经济学的分析[J].教育学术月刊,2010(8):106－107.

[84] 冯佳,王克非.近十年国际语言规划和语言政策研究的 CiteSpace 分析[J].中国外语,2014,11(1):69－84.

[85] 冯志伟.论语言文字的地位规划和本体规划[J].中国语文,2000(4):363－377.

[86] 冯志伟.现代语言学流派[M].增订本.北京:商务印书馆,2013.

[87] 郭龙生.中国当代语言规划的理论与实践[M].广州:广东教育出版社,2008.

[88] 郭蔷.英语霸权的历史演变研究[D].长春:吉林大学,2009.

[89] 郭熙.语言规划的动因与效果:基于近百年中国语言规划实践的认识[J].新疆师范大学学报:哲学社会科学版,2013(1):34－40.

[90] 国家对外汉语教学领导小组.各国推广本族话情况汇编[M].北京:北京语言学院出版社,1990.

[91] 韩礼德.作为社会符号的语言:语言与意义的社会诠释[M].北京:北京大

学出版社,2015.

[92] 韩玉华.普通话水平测试发展历程研究[J].语言文字应用,2013(3):141-141.

[93] 何修竹.英国语言推广政策研究[D].重庆:西南大学,2009.

[94] 侯俊华,程国江.西方经济学(上册):微观经济学[M].南京:南京大学出版社,2013.

[95] 胡晓旭.20世纪80年代末以来的澳大利亚语言政策研究:语言规划目标视角[D].银川:宁夏大学,2014.

[96] 胡壮麟.系统功能语言学概论[M].北京:北京大学出版社,2005.

[97] 华国庆.借鉴他国经验,建立完善的孔子学院财税保障体系[J].比较教育研究,2014(2):102-106.

[98] 黄少安,苏剑.语言经济学的几个基本命题[J].学术月刊,2011(9):82-87.

[99] 黄少安,张卫国,苏剑.语言经济学及其在中国的发展[J].经济学动态,2012(3):41-46.

[100] 黄正谦.承继与拓新:汉语语言文字学国际研讨会[J].方言,2013(1):91-91.

[101] 江桂英.中国英语教育:语言经济学的视角[M].厦门:厦门大学出版社,2010.

[102] 教育部社会科学委员会语言文学、新闻传播学和艺术学学部新闻学与传播学学科"十二五"战略规划研究报告课题组,郑保卫,杨保军,等.新闻学与传播学"十二五"战略发展方向及目标[J].国际新闻界,2011(8):39-46.

[103] 金海云.语言与国家:休戚相关——从英语热和汉语热谈起[J].外语学刊,2014(3):155-158.

[104] 柯平.语言规划(二)[J].语文建设,1991(8):41-42.

[105] 李桂兰.介绍《国家、民族与语言:语言政策国别研究》[J].外语教学与研究,2003,35(6):475-476.

[106] 李江春,秦绪华.语言经济学视角下商务翻译研究的意义探索[J].中南林业科技大学学报(社会科学版),2010,4(4):101-103.

[107] 李茹,何霜.语言经济学视角下的民族语言保护·开发·利用[J].语文建设,2012(4):75-76.

[108] 李现乐.语言资源与语言经济研究[J].经济问题,2010(9):25 - 29.

[109] 李雪梅,张弼.国际商务谈判[M].北京:北京交通大学出版社,2011.

[110] 李宇明.认识语言的经济学属性[J].语言文字应用,2012(3):2 - 8.

[111] 李宇明.中国语言规划论[M].北京:商务印书馆,2010.

[112] 李宇明.中国语言规划续论[M].北京:商务印书馆,2010.

[113] 刘昌华.语言规划范式下的语文教育[J].语文建设,2015(22):74 - 75.

[114] 刘辰诞,李恬.相邻吸纳:语言结构创新的一个动因:以现代汉语动补结构的形成为例[J].外语教学,2013,34(1):24 - 29.

[115] 刘国辉,苏剑,张卫国.第二届中国语言经济学论坛综述[J].经济学动态,2011(11):158 - 159.

[116] 刘海涛.语言规划和语言政策:从定义变迁看学科发展[J].第四届全国社会语言学学术研讨会,2011.

[117] 刘纪新.在语言学桎梏中的汉语国际推广事业[J].理论月刊,2014(6):81 - 84.

[118] 刘金石,刘方健.教学方式创新:运用经济学的三种语言[J].中国大学教学,2011(9):87 - 89.

[119] 刘全.当代葡萄牙对外语言推广政策及启示[J].天津外国语大学学报,2016,23(5):62 - 65.

[120] 刘文秀.清华经济课:生动解读经济学原理理性规划经济生活[M].北京:清华大学出版社,2015.

[121] 刘雪琪.语言经济学视角下民族地区英语教育发展研究[J].贵州民族研究,2017(1):246 - 249.

[122] 刘元满.日本的语言推广体系及启示[J].语言文字应用,2008(4):14 - 22.

[123] 陆经生,陈旦娜.语言测试与语言传播:以西班牙语全球传播战略为例[J].外语教学与研究,2016(5):745 - 754.

[124] 罗爱梅.澳大利亚外语教育政策之特点[J].教育评论,2010,2010(4):166 - 168.

[125] 孟晓.基于语言经济学的英语教育改革进路:经济属性嵌入[J].东岳论丛,2014,239(5):185 - 189.

[126] 糜若焉.接受学:广告语言研究的应有思路[J].当代修辞学,1989(3):6 - 8.

[127] 莫再树.基于语言经济学的商务英语教育研究[M].长沙:湖南大学出版社,2014.

[128] 聂永有.管理经济学[M].上海:上海大学出版社,2014.

[129] 彭苏颖.新编财经英语[M].北京:中国财政经济出版社,2013.

[130] 朴美玉.周边国家的语言规划与汉语国际推广战略[J].人民论坛,2012(17):222-223.

[131] 戚田莉.语言经济学视角下的大学通识外语的实践改革研究[J].中国电化教育,2012(12):119-122.

[132] 齐卫,王文青,高银玲.商务英语研究:一种基于语言经济学的新视角[J].中国成人教育,2011(5):131-133.

[133] 曲云云,王亚蓝.语言规划的生态观:《语言规划:从实践到理论》评介[J].科技信息,2014(15):197-198.

[134] 沈骑,夏天.国际学术交流领域的语言规划研究:问题与方法[J].外语教学与研究,2013(6):876-885.

[135] 石楠.全球化挑战下的法国文化外交[D].北京:外交学院,2011.

[136] 时应峰.经济学基础[M].北京:人民邮电出版社,2012.

[137] 宋景尧.第五届中国语言经济学论坛综述[J].经济学动态,2015(2):157-158.

[138] 苏·赖特,陈新仁.语言政策与语言规划[M].北京:商务印书馆,2012.

[139] 苏剑,黄少安,张卫国.语言经济学及其学科定位[J].江汉论坛,2012(6):21-25.

[140] 苏剑,黄少安.语言距离的测度及其在经济学中的应用[J].江汉论坛,2015(3):5-10.

[141] 苏培成.当代中国的语文改革和语文规范[M].北京:商务印书馆,2010.

[142] 孙梁、朱成全.制度语言学问题的经济学分析[M].大连:东北财经大学出版社,2016.

[143] 孙晓明.汉语国际传播与语言标准研究[J].民族教育研究,2013,24(3):113-117.

[144] 孙宗亮,富雷,苏娟.微观经济学[M].南京:南京大学出版社,2014.

[145] 田春生,郭政.对"中国问题"的经济学方法论思考:关于经济学的语言学转向[J].中州学刊,2011(6):41-47.

[146] 田兰.语言经济学视角下商务英语的生态位思考[J].外语界,2013(4):

26－31.

[147] 童珊.经济学的语言转向研究[J].马克思主义研究,2010(10):81－85.

[148] 童珊.全球化背景下语言战略的政治经济学分析:基于文化霸权的视角[J].马克思主义研究,2014(5):69－75.

[149] 托马斯·李圣托.语言政策导论:理论与方法[M].何莲珍,等译.北京:商务印书馆,2016.

[150] 王法辉.社会科学和公共政策的空间化和GIS的应用[J].地理学报,2011,66(8):1089－1100.

[151] 王辉,周玉忠.语言规划与语言政策.续[M].北京:中国社会科学出版社,2015.

[152] 王辉.全球化、英语传播与中国的语言规划研究[M].北京:社会科学文献出版社,2015.

[153] 王建勤.全球文化竞争背景下的汉语国际传播研究[M].北京:商务印书馆,2015.

[154] 王均.当代中国的文字改革[M].北京:香港祖国出版社,2009.

[155] 王烈琴.世界主要国家语言规划、语言政策的特点及其启示[J].河北学刊,2012,32(4):202－205.

[156] 王艳.从语言经济学的视角看高校英语教育的发展[J].高教发展与评估,2015(3):90－97.

[157] 王远新.语言学教程[M].修订版.北京:中央民族大学出版社,2009.

[158] 韦森.语言与制序:经济学的语言与制度的语言之维[M].北京:商务印书馆,2014.

[159] 魏丹.语言立法与语言政策[J].语言文字应用,2005(4):8－13.

[160] 邬美丽.国外语言规划研究述评[J].天津外国语大学学报,2012(2):20－24.

[161] 吴坚.全球化下国家语言推广战略:政策、模式与中国的借鉴[M].北京:科学出版社,2013.

[162] 夏中华.语言潜显理论价值初探[J].语言教学与研究,2002(5):13－18.

[163] 现代汉语规范问题学术会议秘书处.现代汉语规范问题学术会议本书件汇编[M].北京:科学出版社,1956.

[164] 徐波,王强.语言国际推广的经济属性与利益形成:以英国文化协会的英语国际推广活动为例[J].外国语文,2014,30(1):149－152.

[165] 徐波.当代英国海外英语推广的政策研究[D].重庆:西南大学,2009.

[166] 徐大明.语言资源管理规划及语言资源议题[J].郑州大学学报(哲学社会科学版),2008,41(1):12-15.

[167] 徐启龙.基于语言经济学视角的我国外语教育决策研究[J].全球教育展望,2010,39(3):93-96.

[168] 薛瑶,朱丽华.美国海外英语推广政策研究[J].长江丛刊,2017(2):115-115.

[169] 杨,春雷.面向深层语言处理的汉语短语结构语法[M].上海:上海交通大学出版社,2014.

[170] 杨传鸣.语言经济学视角下的专门用途英语教育发展研究[J].外语学刊,2015(2):122-126.

[171] 杨柳.财经管理中的计算机应用[M].上海:上海财经大学出版社,2014.

[172] 杨文秀.语用学产生与发展的根源[J].武汉理工大学学报(社会科学版),2003,16(6):749-752.

[173] 杨艳,肖云南,杨彩梅.加拿大语言教育政策的启示[J].江苏高教,2013(3):154-155.

[174] 杨燕,AndrewLian.语言经济学研究述评及其对民族地区语言规划的启示:以云南为例[J].贵州民族研究,2015(12):234-238.

[175] 野口悠纪雄.悬崖边上的经济[M].北京:东方出版社,2012.

[176] 英吉卓玛,张俊豪.语言经济学视角下藏族大学毕业生藏汉双语水平与收入的相关性研究:以青海省T县藏族大学毕业生为例[J].民族教育研究,2016(3):24-29.

[177] 俞燕君.语言经济学视野下的汉语国际教育[J].高教探索,2017(5):62-65.

[178] 臧良运.经济学基础[M].北京:中国电力出版社,2010.

[179] 张德岁.语言经济学研究的现状与前景[J].江淮论坛,2012,254(4):70-74.

[180] 张德学.基于语言经济学视角的茶文化英语创新人才培养路径探究[J].福建茶叶,2017(5):367-368.

[181] 张涵,王华清.关于经济学课程教学语言通俗化的思考[J].教育探索,2013(4):31-33.

[182] 张林林.对外汉语教学的语言测试[M].广州:广东高等教育出版

社,2013.

[183] 张茗."和谐世界"与中国"新外交"[J].毛泽东邓小平理论研究,2007(8):
47-51.

[184] 张卫国,刘国辉.中国语言经济学研究述略[J].语言教学与研究,2012
(6):102-109.

[185] 张卫国.语言的经济学分析:一个基本框架[M].北京:中国社会科学出
版社,2016.

[186] 张卫国.语言的经济学分析:一个综述[J].经济评论,2011(4):140-149.

[187] 张卫国.语言的经济学分析[M].北京:中国社会科学出版社,2016.

[188] 张卫国.遮蔽与澄明:语言经济学的几个基本问题[J].学术月刊,2012
(12):77-82.

[189] 张西平,柳若梅.世界主要国家语言推广政策概览[M].北京:外语教学
与研究出版社,2008.

[190] 张西平,柳若梅.研究国外语言推广政策,做好汉语的对外传播[J].语言
文字应用,2006(1):39-47.

[191] 张绪援.试探英语中模糊语言的修辞功能[J].怀化学院学报,1987(4):
119-124.

[192] 张云秋.汉语儿童早期语言的发展[M].北京:商务印书馆,2014.

[193] 张志公.提高语言的效能:《修辞和修辞教学》序[J].当代修辞学,1985
(4):18-18.

[194] 章晓英.英国传媒体系及其对外文化传播策略[J].传媒,2016(2):
56-58.

[195] 赵国明,曾伟国.经济学基础[M].大连:东北财经大学出版社,2012.

[196] 赵守辉,张东波.语言规划的国际化趋势:一个语言传播与竞争的新领域
[J].外国语(上海外国语大学学报),2012(4):2-11.

[197] 赵燕菁.城市规划职业的经济学思考[J].城市发展研究,2013,20(2):
1-11.

[198] 郑丽萍.国外语言经济学研究流派综述[J].外语研究,2015(1):29-34.

[199] 郑丽萍.语言经济学的定义争端[J].语文建设,2015(14):74-75.

[200] 周庆安.评《公共外交的理论与实践》[C]//公共外交季刊2010冬季号.
2010:124-125.

[201] 周庆生.国外语言政策与语言规划进程[M].北京:语文出版社,2001.

[202] 周庆生.语言规划发展及微观语言规划[J].北华大学学报(社会科学版),2010,11(6):20-27.

[203] 周庆生.中国社会语言学研究述略[J].语言文字应用,2010,76(4):10-21.

[204] 周文娟.英语语言系统的生态性与非生态性研究[J].内蒙古农业大学学报(社会科学版),2012(5):190-192.

[206] 周玉忠,王辉.语言规划与语言政策:理论与国别研究[M].北京:中国社会科学出版社,2004.

[207] 祝畹瑾.社会语言学概论[M].北京:商务印书馆,2004.

[208] 潘绥铭,姚星亮,黄盈盈.论定性调查的人数问题:是"代表性"还是"代表什么"的问题:"最大差异的信息饱和法"及其方法论意义[J].社会科学研究,2010(4):113-120.